오스왈드 챔버스 기독교의 진리

거룩한 삶의 능력

# 오스왈드 챔버스
# 기독교의 진리

도서출판 토기장이

"나의 간절한 기대와 소망을 따라 아무 일에든지
부끄러워하지 아니하고 지금도 전과 같이 온전히 담대하여
살든지 죽든지 내 몸에서 그리스도가 존귀하게 되게 하려 하나니
이는 내게 사는 것이 그리스도니 죽는 것도 유익함이라."

**빌립보서 1:20-21**

그리스도여, 나는 당신의 것입니다
주의 이름만으로 나를 만족시키소서

오, 주님만으로 내가 만족합니다
그 어떤 말로도 이를 표현할 수 없습니다

바울에게는 그리스도 외에
그 어떤 영광도 필요치 않았습니다
그렇습니다
삶이나 죽음이나 슬픔이나 죄악 가운데서나
주님은 내게 충분합니다

그리스도는 시작이시니
모든 끝은 그리스도입니다

*Oswald Chambers*

차례

## PART 01 기독교의 본질은 무엇인가 · 9

1장 하나님의 섭리　　2장 십자가의 구속
3장 성령의 역사　　　4장 복음
5장 기독교의 핵심　　6장 은혜와 사랑

## PART 02 성도의 삶은 어떠해야 하는가 · 49

1장 성도의 삶
　일상의 능력 | 거룩한 삶의 능력 | 섬김의 능력 | 복음의 능력
　| 참 제자 됨의 능력 | 고난을 통한 능력

2장 거듭남
3장 하나님을 향한 사랑
4장 참 목자의 삶

## PART 03 어떻게 믿음을 세워나갈 것인가 · 109

1장 믿음　믿음의 본질 | 믿음의 반석 | 믿음의 이상
2장 진리
3장 순종
4장 기도
5장 죄　죄의 본질 | 징계 | 회개

## PART 04 우리는 왜 성장하지 못하는가 · 159

### 1장 오늘날 기독교의 비극
### 2장 성도가 빠지기 쉬운 함정
신앙의 외식 | 스스로 만드는 하나님상(像) | 스스로 해석하는 하나님의 말씀
### 3장 미혹에 빠지는 성도
불평불만과 성공 | 사탄의 궤계 | 정욕
### 4장 성도가 경험하는 영적 시험과 영적 성장

## PART 05 우리는 어떻게 어둠을 헤쳐 나갈 것인가 · 201

### 1장 인간관계 안에 드리워진 어둠
사람에게 만족을 구하는가 | 사람들과 어떻게 지내는가 | 미워하고 있는가, 용서하고 있는가 | 죄인을 어떻게 대하는가 | 내 이웃을 내 몸 같이 사랑하는가
### 2장 연단의 기회로 찾아오는 어둠
염려에서 평안으로 | 삶의 문제에서 하나님의 뜻으로 | 두려움에서 믿음으로 | 사망에서 생명으로

오스왈드 챔버스 기독교의 진리

PART 01

# 기독교의 본질은 무엇인가

하나님과 함께 할 때
인간은 최고의 상태가 됩니다.
하나님과 함께 하는 것은 당신이 꿈꾸고
갈망해 온 모든 것이 될 것입니다.

1장
# 하나님의
# 섭리

●
삶의 모든 것에는 우리가 알지 못하는
하나님의 깊은 뜻이 있습니다.
그 뜻은 오직 하나님과 바른 관계를 맺을 때
비로소 이루어집니다.

# 사랑의 대상은 '당신'입니다

하나님이 자기 형상 곧 하나님의 형상대로 사람을 창조하시되
남자와 여자를 창조하시고_창 1:27

하나님은 당신을 마음대로 부릴 수 있는 꼭두각시가 아닌 그분의 차고 넘치는 사랑의 대상으로 창조하셨습니다. 주권자이신 그분은 당신을 통해 기쁨을 얻기 원하십니다. 하나님의 기쁨이 되기를 갈망하십시오. 그것이야말로 당신 삶에 가장 큰 힘이 될 것입니다.

> "온갖 좋은 은사와 온전한 선물이 다 위로부터 빛들의 아버지께로부터 내려오나니 그는 변함도 없으시고 회전하는 그림자도 없으시니라"(약 1:17).

하나님은 토라지시거나 당신의 약점을 건드리시는 분이 아니라 당신의 마음을 바라보시는 분입니다. 그리고 그분이 요구하시는 것은 당신 자신이 불의하다는 것, 즉 죄인임을 인정하는 것입니다. 그러면 이후의 일은 하나님께서 모두 인도해나가시기 때문입니다.

# 의심인가, 믿음인가

모든 일을 그의 뜻의 결정대로 일하시는 이의 계획을 따라
우리가 예정을 입어 그 안에서 기업이 되었으니_엡 1:11

하나님의 섭리는 우리가 의식하지 못하는 가운데 이루어집니다. 이때 인간들은 혼란스러워하며 의심하거나 믿음으로 반응할 것입니다. 만약 당신의 삶이 말씀에 젖어 있지 않다면, 분명 하나님의 섭리에 대해 의심할 것입니다. 그리고 그분께 집중하지도 못할 것입니다. 이는 당신이 성경의 교훈을 삶에 적용하지 못하고 있다는 증거입니다.

때때로 하나님은 우리를 혼란스럽게 하시지만, 결코 변함이 없으신 분입니다. 이제 중요한 것은 하나님의 섭리에 대해 내 입장에서 따지는 것이 아니라, 그분이 내게 어떠한 분이신가를 먼저 생각하는 것입니다.

당신을 향한 하나님의 가장 큰 요구는, 이 세상에서 일어나는 일들로 인해 하나님이 의롭게 느껴지지 않을지라도 끝까지 '그분은 의롭다'고 믿는 것입니다.

오스왈드 챔버스 기독교의 진리

# 순종이 먼저입니다

> 너희는 이 세대를 본받지 말고 오직 마음을 새롭게 함으로
> 변화를 받아 하나님의 선하시고 기뻐하시고 온전하신 뜻이
> 무엇인지 분별하도록 하라_롬 12:2

하나님의 뜻을 전혀 모르겠다면 그것은 당신 탓입니다. 이 세대를 본받지 말고, 오직 그리스도를 사랑함으로 그분의 뜻에 순종하십시오. 이를 위해 마음을 다하십시오. 그러면 당신을 향한 하나님의 뜻이 분명하게 나타나기 시작할 것입니다.

순종하기 전에 하나님에 대해 설명하려고 시도하지 마십시오. 하나님을 아는 정도는 그분을 향한 순종과 비례한다는 것만 기억하십시오.

하나님께서 당신을 위해 행하신 일만 아는 것은 아직 하나님을 모른다는 것과 같습니다. 만약 당신이 부활하신 예수님을 만났다면, 무슨 일이 일어나도 '보이지 않는 그분을 보는 것처럼' 살아가고 매사에 인내할 것입니다.

# 우연은 결코 없습니다

참새 두 마리가 한 앗사리온에 팔리지 않느냐 그러나 너희 아버지께서 허락하지 아니하시면 그 하나도 땅에 떨어지지 아니하리라_마 10:29

하나님의 뜻은 우리의 계획과 노력에 따라 이루어지지 않고, 아주 우연히 이루어지는 것 같아 보입니다. 그럼에도 불구하고 당신은 모든 일의 배후에 계신 하나님을 볼 수 있습니까? 만약 당신이 하나님과의 살아 있는 교제 가운데 있다면, 그 어떤 것도 우연히 일어나지 않음을 알게 될 것입니다.

하나님은 당신의 모든 사건 가운데 계십니다. 그분의 뜻이 아니고서는 그 어떤 일도 일어날 수 없습니다. 그러므로 하나님을 향한 확신 가운데 평안을 누리면서 당신을 향한 하나님의 뜻이 무엇인지 찾아 순종하십시오. 순종할 때 일어나는 놀라운 역사를 보면서 기쁨이 넘칠 것입니다.

# 축복의 강물이 흐르도록

여호와께서 그가 기뻐하시는 모든 일을 천지와 바다와
모든 깊은 데서 다 행하셨도다_시 135:6

세상의 그 어떤 일도 하나님을 깜짝 놀라게 하거나 그분의 뜻을 막을 수 없습니다. 하나님은 불가능한 일을 행하십니다. 그분께는 어려운 일이 하나도 없으십니다. 또한 그분의 사랑이 이기지 못할 어떠한 죄도, 실패도 없습니다.

예수님은 우리가 성령으로 충만하면, 우리 삶이 초라하게 보일지라도 우리를 통해 땅 끝까지 '축복의 강물'이 흘러갈 것이라고 말씀하십니다. 당신은 이 말씀을 믿습니까?

"하나님께서 보내신 이를 믿는 것이 하나님의 일이니라"(요 6:29).

# 하나님의 임재를 갈망하십시오

오직 하나님이 성령으로 이것을 우리에게 보이셨으니
성령은 모든 것 곧 하나님의 깊은 것까지도 통달하시느니라_고전 2:10

진리의 한 부분에만 사로잡혀 한쪽으로 치우치지 마십시오. 성령의 역사는 그리스도의 구속을 원천으로 삼지만, 거짓 영의 활동은 부분적인 진리를 원천으로 삼습니다.

순종을 위해서가 아닌 단지 호기심으로 하나님의 말씀을 연구하면 반드시 이런 일이 생기기 마련입니다. 그러나 하나님의 말씀을 믿고 순종하면 주님을 인격적으로 체험하게 됩니다.

인간은 논리와 지능으로 하나님을 볼 수 없습니다. 오직 죄 사함을 받은 청결한 마음으로만 볼 수 있습니다. 하나님의 모든 섭리를 이해하는 것보다 더 중요한 것은 하나님의 임재를 목말라하는 것입니다. 하나님은 자신을 가장 필요로 하는 인간을 사랑하십니다.

오스왈드 챔버스 기독교의 진리

2장

# 십자가의 구속

당신은 그리스도와 함께
죽음을 체험해야 합니다.
그분으로부터 나오지 않는 모든 것을
내어던지는 자리까지 나아가십시오.

## 십자가의 은혜

긍휼이 풍성하신 하나님이 우리를 사랑하신 그 큰 사랑을 인하여
허물로 죽은 우리를 그리스도와 함께 살리셨고
(너희는 은혜로 구원을 받은 것이라)_엡 2:4-5

인간은 오만하여 하나님을 두려워하지 않습니다. 그래서 구약의 선지자들은 하나님을 경외하라고 외치고 또 외쳐야 했습니다. 십자가의 은혜를 알기 전까지, 인간은 어리석을 정도로 당돌합니다. 그러나 그 은혜에 의해 하나님의 생명에 닿으면, 그 어떤 것도 두려워하지 않고 오직 하나님만 경외하게 됩니다.

예수 그리스도는 죽음의 권세를 깨뜨리셨습니다. 주님은 우리로 하여금 삶의 모든 문제를 직면해 이길 수 있게 하셨을 뿐만 아니라 모든 문제를 통해 유익을 얻게 하셨습니다.

당신이 예수 그리스도를 통해 하나님과 바른 관계를 유지하면, 하나님은 당신의 의식적인 삶뿐만 아니라 무의식적인 삶도 보호해주실 것입니다.

오스왈드 챔버스 기독교의 진리

# 오직 십자가뿐입니다

그리스도께서도 단번에 죄를 위하여 죽으사
의인으로서 불의한 자를 대신하셨으니
이는 우리를 하나님 앞으로 인도하려 하심이라_벧전 3:18

인간은 예수 그리스도 없이도 하나님을 '창조주'로 인식할 수 있습니다. 하지만 예수 그리스도를 통하지 않고서는 하나님을 '아버지'로 인식할 수 없습니다. 우리가 하나님 앞에 나아갈 수 있는 유일한 근거는 '예수 그리스도의 속죄'를 통해서입니다. 지성소로 들어가는 유일한 길은 '예수님의 보혈'을 통해 가는 길뿐입니다.

예수님과 연합될 때에 나타나는 특징은, 하나님을 향한 진실한 믿음과 한없는 감사, 그리고 사랑입니다. 예수 그리스도를 만나면 온 마음과 뜻을 다해 하나님을 사랑하게 됩니다. 그리고 하나님을 아는 만큼 어두움과 오해, 무지가 사라지고 빛과 기쁨을 맞이하게 됩니다.

당신이 하나님께 나아갈 수 있는 유일한 근거는 당신의 간절함이나 헌신, 노력이나 수많은 기도 때문이 아니라 오직 예수 그리스도의 십자가뿐임을 기억하십시오.

# 구원의 중심, 십자가

친히 나무에 달려 그 몸으로 우리 죄를 담당하셨으니_벧전 2:24

예수님은 '세상의 위대한 선생'이 아니십니다. 그분은 '세상의 구세주'이십니다. 이 차이는 대단히 중요합니다. 십자가는 예수님께 우연한 것이 아니었습니다. 예수님은 십자가에 달려 돌아가시기 위해 이 땅에 오셨습니다. 이 사건은 하나님의 속성이 역사 가운데 분명하게 계시된 것입니다.

아담의 불순종으로 인해 온 인류가 진노 가운데 놓이게 되었습니다. 그러나 마지막 아담(고전 15:45)이신 예수 그리스도는 죽기까지 순종하심으로써 우리를 영원한 사랑의 반석 위에 올려놓으셨습니다.

이 세상에 가장 크게 울려 퍼진 위대한 승리의 함성은 바로 예수님이 십자가에서 외치신 "다 이루었다"(요 19:30)입니다. 이 말씀은 구속을 위한 마지막 말이었습니다. 구원의 중심은 '십자가'입니다. 인간이 구원받기 참으로 '쉬운' 이유는 하나님께서 이를 위해 아주 큰 대가를 치르셨기 때문입니다.

오스왈드 챔버스 기독교의 진리

# 그리스도를 위한 '베들레헴'

아무든지 나를 따라오려거든 자기를 부인하고 날마다
제 십자가를 지고 나를 따를 것이니라_눅 9:23

예수 그리스도는 그분과의 관계에 뿌리를 두고 있지 않은 모든 화해와 평강을 깨트리기 위하여 이 땅에 오셨습니다.

당신은 하나님의 약속이 이루어지기를 당당하게 요청할 수 있습니다. 그러나 이것은 인간이 보는 부분일 뿐입니다. 하나님의 새 언약 안에는 당신을 향한 하나님 편에서의 요청이 있습니다. 당신은 이를 인식할 줄 알아야 합니다. 그 요청은 바로 온 마음을 다해 그리스도를 붙드는 것입니다. 당신이 예수 그리스도와 온전한 관계를 맺는다면, 하나님께서 당신을 통해 무슨 일을 하실지 아무도 가늠할 수 없을 것입니다.

예수 그리스도는 성육신 하신 하나님입니다. 지극히 높으시고 거룩하신 분이 가장 낮은 문을 통해 이 땅에 오셨습니다. 당신은 당신의 마음과 삶을 하나님의 아들을 위한 '베들레헴'으로 기꺼이 드리겠습니까?

# 구속 그리고 사랑

그가 찔림은 우리의 허물 때문이요 그가 상함은 우리의 죄악 때문이라
그가 징계를 받으므로 우리는 평화를 누리고
그가 채찍에 맞으므로 우리는 나음을 받았도다_사 53:5

예수 그리스도를 향한 당신의 충성은 성령님이 예수님의 십자가의 구속을 깨닫게 하시고, 하나님의 사랑을 부어 주실 때에 나타납니다.

당신은 주님께 사로잡혀 사탄과 관련된 모든 흔적이 사라질 때까지 그리스도의 마음을 형성해야 합니다. 이는 오직 십자가를 통해 나타난 하나님의 사랑을 붙들 때에만 가능합니다. 그 사랑은 은혜를 모르는 인간의 마음에 기적을 일으킵니다.

지금 이 순간 십자가의 도를 통해 나타나는 하나님의 사랑에 푹 빠지십시오.

# 죽음이 곧 생명입니다

*내가 그리스도와 함께 십자가에 못 박혔나니
그런즉 이제는 내가 산 것이 아니요
오직 내 안에 그리스도께서 사신 것이라_갈 2:20*

돌이 식물이 될 수 없듯 인간은 스스로 하나님의 생명을 얻을 수 없습니다. 하나님께서 허리를 숙이시고 당신을 들어 올리실 때에야 비로소 당신은 하나님 나라에 들어갈 수 있습니다. 이 일이 바로 예수 그리스도께서 이루신 일입니다.

당신은 그리스도와 함께 죽음을 체험해야 합니다. 이 말은 그분으로부터 나오지 않은 모든 것을 내어던지는 자리까지 나아가야 한다는 의미입니다. 주님의 죽음에 자신을 일치시킬 때, 그분의 생명이 풍성하게 넘치기 시작할 것입니다. 그러면 당신 안에서 우주의 그 어떤 것도 감당할 수 없는 예수님의 부활 생명이 역사하기 시작할 것입니다.

십자가의 구속은 영혼의 가장 깊은 곳까지 만족을 줍니다. 지금 바로 이곳에서 말입니다.

3장
# 성령의 역사

●

거듭나지 않은 영혼은
하나님의 부르심에 대해 아무 감각이 없습니다.
그러나 성령으로 거듭나
하나님의 음성을 들을 수 있는 영역에 들어오면
모든 것이 바뀌게 됩니다.

# 이해할 수 없는 성령님

> 그는 진리의 영이라 세상은 능히 그를 받지 못하나니 이는 그를 보지도 못하고 알지도 못함이라 그러나 너희는 그를 아나니 그는 너희와 함께 거하심이요 또 너희 속에 계시겠음이라_요 14:17

성령님은 우리가 가장 먼저 체험하는 분이지만, 가장 이해할 수 없는 분이기도 합니다. 그분은 이해의 대상이 아니라 믿음을 통한 '체험의 대상'이시기 때문입니다.

하나님을 생각하지 않고 구름을 보면 우연히 생긴 것처럼 보입니다. 그러나 성령 안에서 구름을 보면 이것까지도 어떻게 믿음으로 걸어갈 수 있는지를 알려 주는 선생이 됩니다.

> "바람이 임의로 불매 … 성령으로 난 사람도 다 그러하니라"(요 3:8).

성령님은 인간의 한계를 벗어나게 해 모순되어 보이는 모든 사건의 배후에 계신 하나님의 생각을 알 수 있도록 가르쳐 주십니다.

# 성령님은 누구신가

그가 와서 죄에 대하여, 의에 대하여, 심판에 대하여
세상을 책망하시리라_요 16:8

양심은 자신이 인지하는 최고의 기준에 스스로를 맞추려는 영혼의 기능으로, 모든 인간은 양심을 가지고 있습니다.

성령님은 하나님의 율법을 통해 신앙 양심을 회복시키십니다. 하나님의 빛 가운데 서면 내가 누구인지를 깨닫게 되고, 그 순간 말로 다할 수 없는 고통과 괴로움이 임하게 됩니다. 성령님은 완벽하게 정직하셔서 옳은 것과 그른 것을 지적하시기 때문입니다.

성경은 내 권리를 주장하는 성향에 대해 가장 많은 지적을 합니다. 한편, 성령님은 내 권리 주장을 내려놓을 수 있는 능력을 주십니다.

오스왈드 챔버스 기독교의 진리

# 성령님이 역사하시도록

*주께서 이르시되 그 날 후로는 그들과 맺을 언약이 이것이라 하시고 내 법을 그들의 마음에 두고 그들의 생각에 기록하리라 하신 후에*
_히 10:16

성령님은 개인의 숨겨진 사생활을 무너뜨리시고 복음으로 살아가게 하십니다. 성령님이 역사하실 때 나타나는 가장 뚜렷한 특징은, 예수 그리스도를 사랑하고 그분을 닮아가는 것입니다. 그 과정에서 우리는 예수님과 관계없는 모든 것으로부터 자유하게 됩니다.

성령님은 우리를 예수 그리스도의 열정적인 제자로 만드십니다. 그러면 우리를 통해 치유와 축복, 생수의 강이 흐르기 시작하고, 우리는 그리스도를 위해 모든 것을 참고 희생하며 수고하게 될 것입니다.

당신은 성령님이 역사하시도록 자신을 구별해 하나님께 바칠 준비가 되어 있습니까?

# 성령으로 충만하게 되면

오직 성령의 열매는 사랑과 희락과 화평과 오래 참음과
자비와 양선과 충성과 온유와 절제니
이 같은 것을 금지할 법이 없느니라_ 갈 5:22-23

성령님의 능력을 모르는 종교기관은 인간의 노력과 지식만을 의지하게 됩니다. 그러나 성령님은 인간의 지혜로 일하지 않으십니다. 오직 하나님의 지혜로 역사하십니다.

우리가 흉내 낼 수 없는 것이 하나 있습니다. 그것은 바로 성령의 열매입니다. 성령으로 충만하면, 우리 마음속에 하나님의 사랑이 부어지고 또 그 사랑을 전하게 됩니다. 성령의 은사는 개인의 영광을 위한 것이 아니라 그리스도의 몸의 유익을 위한 것입니다.

> "너희는 세상의 빛이라"(마 5:14).

성령님이 오시면 그분은 당신을 '빛'으로 만드실 것입니다.

오스왈드 챔버스 기독교의 진리

4장

# 복음

●

우리는 죽음을 자연스럽게 받아들이지만
성경은 죽음을 '죄로 인해 발생한
가장 비정상인 현상'이라고 계시합니다.

# 복음, 열망과 반발

십자가의 도가 멸망하는 자들에게는 미련한 것이요
구원을 받는 우리에게는 하나님의 능력이라_고전 1:17

복음은 매력적이지 않습니다. 성경에 기록된 이야기가 말도 안 되는 우스꽝스런 이야기로 들릴 수도 있습니다. 성경이 내게 어떤 의미를 주는지는 '나와 하나님과의 관계'에 달려 있습니다.

예수 그리스도의 복음을 들으면 어느 누구도 전과 같을 수 없습니다. 복음을 듣고 다 잊어버렸을지라도 마찬가지입니다. 언젠가 진리가 임하게 될 때, 헛된 평안과 행복은 산산조각이 날 것입니다.

예수 그리스도의 복음이 전파될 때, 인간은 두 가지 반응을 보입니다. 당신은 어떻습니까? 강렬한 열망이 일어납니까, 아니면 강렬한 반발을 일으킵니까?

오스왈드 챔버스 기독교의 진리

# 잠잠히 복음을 뿌리십시오

*너희 믿음이 사람의 지혜에 있지 아니하고 다만 하나님의 능력에 있게 하려 하였노라_고전 2:5*

현대 복음주의는 잘못된 생각을 가지고 있습니다. 그것은 '밭을 갈고 씨를 뿌리면 바로 열매를 거두어야 한다'는 생각입니다. 하지만 예수님은 제자들을 향해 조금도 조급해 하지 않으셨습니다. 그들의 상태와 상관없이 계속 씨를 뿌리셨습니다.

예수님은 진리를 말씀하신 후, 그분의 삶으로 그 진리가 자라날 수 있는 환경을 조성하셨습니다. 그리고 나서 그 진리가 스스로 자라나도록 하셨습니다. 주님은 씨 안에 싹을 내고 열매를 맺을 수 있는 하나님의 능력이 있음을 알고 계셨기 때문입니다. 복음의 씨앗은 '정상적인 조건' 하에서는 반드시 열매를 맺습니다.

인간은 계절을 다스릴 수도, 씨가 자라나게 할 수도 없습니다. 마찬가지로 성도를 만들어 낼 능력도 없습니다. 우리가 할 수 있는 유일한 일은 복음의 씨앗을 심는 것입니다. 그러면 하나님께서 모든 일을 행하십니다.

# 복음에 대한 순종

너희가 이것을 알고 행하면 복이 있으리라_요 13:17

복음을 믿고 그리스도께 순종하면, 그분의 형상이 나타나기 시작합니다. 하나님의 생명은 각기 서로 다른 모양으로 나타나지만, 결국 예수 그리스도를 닮아감으로 이어집니다.

지식으로 아는 진리는 순종에 의해서만 체험됩니다. 복음은 하나님 나라에 대한 진리로서 오직 그 진리에 순종하는 자만이 천국을 체험할 수 있습니다. 복음이 요구하는 가장 큰 것은 자신에 대한 권리를 예수님께 양도하는 것입니다.

거룩하게 된 영혼을 주저함 없이 하나님께 날마다 드리는 것, 그것이 바로 신앙의 숙제입니다.

오스왈드 챔버스 기독교의 진리

# 복음의 능력

> 그 이름을 믿으므로 그 이름이 너희 보고 아는 이 사람을
> 성하게 하였나니 예수로 말미암아 난 믿음이 너희 모든 사람 앞에서
> 이같이 완전히 낫게 하였느니라_행 3:16

복음의 능력은 하나님을 대적하는 상황에서도 주의 '복'이 흘러가게 합니다. 십자가의 사건은 원수 사탄이 하나님을 극도로 대적하던 상황이었습니다. 그러나 그 사건으로 인해 우리에게는 무한한 복이 흐르게 되었습니다. 복음의 능력 앞에서는 멸망을 위해 존재하는 것들도 하나님을 드러내는 도구가 됩니다.

당신이 하는 모든 일이 형통할 때 평안을 전하는 것은 어려운 일이 아닙니다. 그러나 복음은 죄와 불의, 고통이 요동칠 때 평안을 누리는 비결을 가르쳐 줍니다. 그러면 불의와 고통, 공포 가운데서도 하나님이 어떤 분이시며 그분의 능력이 얼마나 놀라운지를 깨닫게 됩니다.

예수 그리스도의 복음은 연약한 인간을 아무 두려움 없는 하나님의 용사로 만들어 냅니다.

5장
# 기독교의
# 핵심

●

기독교의 핵심은
하나님의 아들이 내 안에 사시도록
나 자신을 내어 드리는 것입니다.

# 기독교의 계시와 본질

우리가 항상 예수의 죽음을 몸에 짊어짐은
예수의 생명이 또한 우리 몸에 나타나게 하려 함이라_고후 4:10

'기독교의 계시'는 하나님이 그분의 아들을 우리에게 보내신 것입니다. 그리고 '기독교의 본질'은 내가 죽음으로써 하나님의 아들이 내 안에 사시는 것입니다.

계시는 우리의 믿음을 자라게 합니다. 체험은 우리의 믿음이 올바른 선상에 서 있도록 격려합니다. 계시와 체험, 이 둘이 삶으로 연결될 때 비로소 능력이 나타납니다.

기독교는 영혼을 얻기 위해 내가 예수 그리스도께 봉사하는 종교가 아닙니다. 기독교는 내 썩을 육체를 통해 예수님의 생명이 나타나는 것입니다.

# 기독교의 기초

우리는 그리스도 안에서 그의 은혜의 풍성함을 따라
그의 피로 말미암아 속량 곧 죄 사함을 받았느니라_엡 1:7

기독교의 기반은 '용서'입니다. 용서는 개인의 성화와 거룩보다 앞섭니다. 성경이 말하는 용서의 배후에는 십자가가 있습니다.

버림받은 자들을 찾아가 도와주는 일은 칭찬받을 만한 일입니다. 그러나 그 일이 기독교가 해야 할 가장 중요한 일은 아닙니다. 기독교는 사회에서 가장 능력 있는 자들에게까지 찾아가 "당신의 권리를 예수 그리스도께 양도하라"고 외칠 수 있어야 합니다. 복음은 누구에게나 필요합니다.

기독교는 예수님의 영광을 위해 자신의 온 삶을 바치는 것입니다. 만약 그렇게 한다면 죽음을 통과하고 영원까지 주님의 보호를 받을 것입니다.

# 진실한 예배

여호와께 그의 이름에 합당한 영광을 돌리며 거룩한 옷을 입고
여호와께 예배할지어다_시 29:2

예배는 하나님을 향한 우리의 사랑의 헌신입니다. 진정한 예배를 드리는 마음과 선교사로 헌신하는 마음은 다르지 않습니다. 그러기에 하나님을 진실로 예배하는 것은 선교사가 되는 것과 같습니다.

예배는 하나님을 증거하는 것이며 주께서 우리에게 주신 최고의 것을 사적으로가 아닌 공적으로 다시 하나님께 돌려드리는 것입니다. 예배의 모든 행위는 공적인 증거로써 하나님께서 주의 신실한 자들에게 요구하시는 가장 신성하고 공적인 행위입니다.

예배란, 하나님께서 우리에게 주신 최고의 것을 다시 하나님께 온전히 바치는 것을 의미합니다.

6장
# 은혜와 사랑

●
하나님의 은혜로 구원을 받으면
정죄 받는 삶에서 완전히 해방됩니다.

# 은혜를 길어 내는 비결

만일 은혜로 된 것이면 행위로 말미암지 않음이니
그렇지 않으면 은혜가 은혜 되지 못하느니라_롬 11:6

사람들은 기독교라는 종교 자체에 무절제한 열심을 나타내는 경향이 큽니다. 그러나 하나님의 은혜를 길어 내는 비결에 대해서는 배우려 하지 않습니다. 기도할 때마저도 하나님의 은혜를 구하기는커녕 자신의 기억과 과거의 경험, 그리고 현재의 소원들을 말할 뿐입니다. 그러나 우리는 성결함과 하나님을 아는 지식, 그리고 오래 참음으로 그분의 은혜를 길어 내는 비결을 배워야 합니다. 우리는 하나님을 아는 지식을 쉽고 빠르게 얻기를 원하지만, 그렇게 해서는 결코 얻을 수 없습니다. 오히려 그때 무절제한 종교적인 열심으로 치닫게 됩니다. 안타깝게도 이것은 오늘날 무절제한 사역과 무절제한 행사로 번지고 있습니다.

내가 지금 하나님의 은혜를 길어 내고 있다는 가장 큰 증거는, 어떤 모욕을 당해도 하나님의 은혜 외에는 아무런 상처가 남지 않는다는 것입니다. '나중'이 아니라 '지금' 하나님의 은혜를 길어 내십시오. 영적인 세계에서 가장 중요한 단어는 '지금'입니다.

# 은혜가 드러나는 삶

그런즉 어찌하리요 우리가 법 아래에 있지 아니하고
은혜 아래에 있으니 죄를 지으리요 그럴 수 없느니라_롬 6:15

복음은 단번에 사람을 변화시킨 뒤 그의 양심과 행위를 통해 역사합니다. 하나님은 간교하고 사악한 인간을 진실하고 거짓 없는 사람으로 변화시키십니다. 이것이 바로 은혜입니다.

은혜는 당신의 마음과 생각으로부터 악하고 비뚤어진 것들을 제거해 당신을 하나님 앞에서 진실하게 만듭니다. 그때 당신의 삶은 은혜의 기적이 밝게 비치는 아름다운 삶으로 변화됩니다.

늘 다른 사람들을 선대하는 주의 자녀들에게 하나님의 은혜가 어떻게 임하는지 눈여겨본 적이 있습니까? 가정과 일터 등 모든 곳에서 하나님의 지시를 구체적으로 따를 때 놀라운 형통이 임합니다. 지금 당신은 은혜로 변화된 성도입니까?

오스왈드 챔버스 기독교의 진리

# 오늘의 은혜를 구하십시오

그러므로 우리는 긍휼하심을 받고 때를 따라 돕는 은혜를 얻기 위하여
은혜의 보좌 앞에 담대히 나아갈 것이니라_히 4:16

어제 받은 은혜로 오늘을 살아가려 하지 마십시오. 오늘을 위해서는 오늘의 은혜가 필요합니다. 하나님께서 빛 가운데 거하시듯 당신도 빛 가운데 거하십시오. 그러면 하나님의 은혜가 언제나 초자연적인 생명력을 공급할 것입니다. 만약 당신이 겸손한 자리에 머문다면, 그 은혜는 끝없이 부어질 것입니다. 결코 그 은혜를 제한하지 마십시오.

> "오직 우리 주 곧 구주 예수 그리스도의 은혜와 그를 아는 지식에서 자라 가라"(벧후 3:18).

하나님이 베풀어 주신 복을 당신 자신만을 위해 붙들고 있지 마십시오. 만약 그렇다면 그 복은 오히려 저주로 바뀌게 될 것입니다. 주께서 거저 주신 은혜, 주를 위해 거저 나누십시오. 예수님은 세상에서의 성공을 위해 당신을 부르지 않으셨습니다. 땅에 떨어져 죽어야 하는 한 알의 밀알로 당신을 부르셨습니다.

## 은혜의 능력

소망이 부끄럽게 아니함은 우리에게 주신 성령으로 말미암아
하나님의 사랑이 우리 마음에 부은바 됨이니_롬 5:5

하나님의 사랑은 은혜를 모르는 인간의 마음에 기적을 일으킵니다. 은혜 받은 자의 가장 확실한 증거는 예수 그리스도를 가장 사랑하게 되는 것입니다.

복음 안에 나타나는 은혜의 놀라운 점은 우리를 주께서 원하시는 대로 만드실 수 있다는 사실입니다. 우리가 거듭나게 된 것은 전적으로 하나님의 은혜입니다. 또한 은혜는 정죄 받는 삶에서 우리를 해방시킵니다.

"우리는 … 하나님 앞에서 그리스도의 향기니"(고후 2:15).

당신이 예수 그리스도의 향기로 감싸이면, 어디를 가든지 하나님의 기쁨이 될 것입니다.

오스왈드 챔버스 기독교의 진리

# 그럼에도 불구하고 베푸시는 사랑

우리가 아직 죄인 되었을 때에 그리스도께서 우리를 위하여 죽으심으로
하나님께서 우리에 대한 자기의 사랑을 확증하셨느니라_롬 5:8

하나님의 사랑은 돈으로 사거나 노력으로 얻을 수 있는 것이 아닙니다. 그것은 선물이며 우리는 단지 그 사랑을 받는 것뿐입니다.

우리는 사랑스러운 것을 사랑합니다. 그러나 하나님은 사랑스럽지 않은 것을 사랑하십니다. 그래서 그분의 마음은 늘 아픕니다. 하나님은 우리의 모든 죄악과 단점에도 불구하고 우리를 향한 '이상'을 보시고, 무한하게 인내해주십니다.

하나님의 사랑은 가장 부적절한 인간을 취해 그를 믿음의 용사로 만듭니다. 뿐만 아니라 사탄의 가장 강력한 진과 싸워 승리하고, 모든 면에서 흠이 없는 거룩한 하나님의 자녀로 세웁니다.

# 포기하지 않는 사랑

우리 주 예수 그리스도로 말미암아 하나님께 감사하리로다
그런즉 내 자신이 마음으로는 하나님의 법을 육신으로는 죄의 법을
섬기노라_롬 7:25

우리 안에는 여전히 하나님의 뜻을 거역하려는 마음이 남아 있지만, 그럼에도 불구하고 하나님의 계획은 결코 실패하지 않습니다.

과거의 실패가 당신의 새로운 시작을 방해하지 못하도록 하십시오. 당신 스스로 하나님을 저버리는 것 외에는 사탄이라도 당신을 하나님의 사랑에서 끊을 수 없습니다.

> "내가 확신하노니 사망이나 생명이나 천사들이나 권세자들이나 현재 일이나 장래 일이나 능력이나 높음이나 깊음이나 다른 어떤 피조물이라도 우리를 우리 주 그리스도 예수 안에 있는 하나님의 사랑에서 끊을 수 없으리라"(롬 8:38-39).

우리는 죄에 대한 책망의 소리를 듣게 될 때 비로소 하나님의 사랑이 얼마나 무한하고 깊은지를 깨닫게 됩니다.

오스왈드 챔버스 기독교의 진리

# 십자가에서 나타난 사랑

그의 십자가의 피로 화평을 이루사 만물 곧 땅에 있는 것들이나
하늘에 있는 것들이 그로 말미암아 자기와 화목하게 되기를
기뻐하심이라_골 1:20

죄로 인해 끊어진 관계는 예수님의 삶과 죽음으로 나타난 하나님의 사랑에 의해 비로소 연결됩니다. 우리는 십자가를 통해 하나님의 사랑의 크기와 넓이, 깊이와 높이를 깨달을 수 있습니다. 십자가는 하나님의 사랑이 어떠한지를 보여 주는 가장 확실한 증거입니다.

예수 그리스도의 십자가를 바라보면, 이기심과 두려움의 모든 장애물이 제거됩니다. 측량할 수 없는 하나님의 사랑에 푹 빠집니다.

십자가 앞에서 하나님의 사랑을 깊이, 그리고 가득 마시십시오. 그러면 더 이상 이 세상의 사랑을 요구하지 않게 될 것입니다.

# 사랑은 무엇인가

하나님은 사랑이심이라_요일 4:8

'하나님'과 '사랑'은 동의어입니다. 사랑은 하나님의 속성이라기보다 하나님 그분 자체입니다. 만약 사랑에 대한 당신의 개념이 공의, 심판, 순결, 거룩과 어울리지 않는다면 그것은 틀린 것입니다. 하나님의 사랑은 지적인 능력으로 알아낼 수 있는 것이 아닙니다. 그것은 영적인 계시이므로 십자가의 도를 깨달을 때 비로소 알 수 있습니다.

하나님의 사랑을 알 때, 우리는 인간에게서 최고의 가능성을 기대하게 됩니다. 즉, 하나님께서 우리 각자에게 이루실 일을 바라보며 서로 사랑하게 됩니다.

은혜 가운데 당신의 인생을 돌아보십시오. 단 한 가지 사실만이 크게 보일 것입니다. 바로 '하나님은 사랑이시다'라는 사실 말입니다.

# 사랑이 임할 때

사랑은 여기 있으니 우리가 하나님을 사랑한 것이 아니요
하나님이 우리를 사랑하사 우리 죄를 속하기 위하여 화목제물로
그 아들을 보내셨음이라_요일 4:10

모든 지식을 초월하는 그리스도의 사랑은 걱정과 염려로부터 우리를 자유하게 해줍니다. 또한 날마다 반복되는 24시간의 단조로운 삶을 넘치는 기쁨으로 변화시켜 우리 삶을 풍성하게 해줍니다.

"사랑은 언제까지나 떨어지지 아니하되"(고전 13:8).

이 얼마나 아름다운 말씀입니까! 예언보다 더 큰 사랑, 산을 옮길 수 있는 능력보다 더 큰 사랑, 자신을 희생시킬 만큼 투철한 사랑, 은사보다 더 위대한 사랑! 바로 이 사랑이 우리 마음에 부어진 십자가의 사랑입니다.

오스왈드 챔버스 기독교의 진리

PART 02

# 성도의 삶은
# 어떠해야 하는가

주님을 만나는 길은
믿음 외에 아무것도 없습니다.

1장

# 성도의 삶

●
성도의 삶이란
늘 그렇듯 아주 평범한 일상을
살아내는 것입니다.
오직 예수님만을 의지함으로!

**일상의 능력**

아침에 일어나 마음 문을 열고 말씀을 묵상하는 가운데 하나님을 만나십시오. 그러면 그날의 모든 사건 가운데 주의 임재를 경험하게 될 것입니다.

거룩한 삶의 능력
섬김의 능력
복음의 능력
참 제자 됨의 능력
고난을 통한 능력

# 영적 공휴일을 지우십시오

형통한 날에는 기뻐하고 곤고한 날에는 되돌아보아라
이 두 가지를 하나님이 병행하게 하사 사람이 그의 장래 일을
능히 헤아려 알지 못하게 하셨느니라_ 전 7:14

특별히 순종할 것도, 큰 유혹도 없을 때가 있습니다. 우리는 바로 이때 주의해야 합니다.

믿음은 '자만'을 허락하지 않습니다. 모든 것이 형통할 때, 인간은 안락의자에 편히 앉아 자만해지기 쉽습니다. 그러나 믿음의 성도는 그렇지 않습니다. 스스로 안락의자에서 내려와 매일의 일상에서 하나님의 기준에 따라 살아갑니다. '영적 공휴일' 없이 깨어 있는 삶을 살아가십시오. 그러면 무한한 평강을 누리게 될 것입니다.

성도의 삶에서 기도와 말씀 묵상은 결코 진부한 것이 아닙니다. 그것이야말로 하나님과 함께 영광스러운 안식을 누리게 합니다. 그 안에서는 어둠의 골짜기에 있는 영혼일지라도 다시 소생케 됩니다.

# 오직 가르쳐 주신 대로

룻이 가서 베는 자를 따라 밭에서 이삭을 줍는데 우연히
엘리멜렉의 친족 보아스에게 속한 밭에 이르렀더라_룻 2:3

우리 삶은 눈에 띄지 않는 평범한 일들과 작고 사소한 사건들로 가득 차 있습니다. 그러나 우연히 발생하는 듯한 모든 상황 가운데 주께 순종하면, 그 상황들은 하나님의 얼굴을 뵐 수 있는 작은 구멍들을 만들어 줍니다.

우리는 그 구멍을 통해 주를 볼 때, 우리의 순종으로 인해 많은 사람들이 복을 받는다는 사실을 깨닫게 됩니다. 성도는 예수님이 가르쳐 주신 대로 살아야 아무 염려 없이 가장 진실하고 즐거운 삶을 살아갈 수 있습니다.

우연인 듯 일어나는 모든 사건의 뒤에는 하나님의 작정하심이 있습니다. 성도에게 우연이란 없습니다.

오스왈드 챔버스 기독교의 진리

# 평범 속의 거룩함

끝으로 형제들아 무엇에든지 참되며 무엇에든지 경건하며
무엇에든지 옳으며 무엇에든지 정결하며 무엇에든지
사랑 받을 만하며 무엇에든지 칭찬 받을 만하며 무슨 덕이 있든지
무슨 기림이 있든지 이것들을 생각하라_ 빌 4:8

만약 당신의 신앙이 물질 사용과 이성 관계에 거룩한 영향력을 끼치지 못한다면, 당신의 신앙은 죽은 신앙입니다.

주님은 극히 평범하고 천한 것들을 취하셔서 고결하고 거룩하게 만드십니다. 매일 되풀이되는 평범한 삶을 고결하게 승화시키십니다. 복음의 능력은 가장 평범한 일상에서 주님의 손길을 경험하는 것입니다. 비천한 것이 악한 것은 아닙니다. 소박한 것이 깊이가 없는 것도 아닙니다. 먹고 마시기, 걷기 등은 일상의 소박한 부분일 수 있습니다. 이 모든 것은 하나님께서 정하신 일입니다. 예수님도 이러한 일들을 하며 사셨습니다. 하나님의 아들이신 예수님이 이러한 비천한 일들을 하셨습니다.

당신이 성도라면 하찮은 일을 통해 고결한 성품을 나타낼 수 있어야 합니다.

# 하나님을 신뢰하는 삶

너는 마음을 다하여 여호와를 신뢰하라_잠 3:5

모든 상황은 당신의 믿음을 약하게 하거나 강하게 할 수 있습니다. 그러나 분명한 것은 하나님께서 모든 상황을 주장하신다는 사실입니다. 주께서 당신을 어디에 두시든지 전적으로 헌신하십시오. 당신이 해야 할 일이 무엇이든 온 힘을 다해 순종하십시오.

잠잠히 하나님을 신뢰하면, 우왕좌왕 사는 정신없는 삶 대신 우선순위를 지키며 성실한 삶을 살아가게 될 것입니다.

언제 어디서나 당신을 지켜 주시는 주님께 감사하십시오. 주 안에 거하면 잠을 자더라도 육적인 충전뿐 아니라 영적인 충전을 얻을 것입니다.

오스왈드 챔버스 기독교의 진리

# 혀 다스리기

> 무릇 더러운 말은 너희 입 밖에도 내지 말고
> 오직 덕을 세우는 데 소용되는 대로 선한 말을 하여
> 듣는 자들에게 은혜를 끼치게 하라_엡 4:29

"혀를 다스리라"(약 1:26)는 말씀은 "말을 하면 실수할 수도 있으니 말을 하지 말라"는 의미가 아닙니다. 그것은 "말하고 나서 후회하지 말고, 먼저 마음을 훈련해 그 훈련된 마음으로 말하라"는 의미입니다.

또한 약속을 할 때도 주의하십시오. 약속을 하고 지키지 못하면, 당신의 도덕성에는 금이 갈 것입니다. 뿐만 아니라 당신의 영적 에너지도 고갈될 것입니다. 약속을 하면 반드시 지키십시오.

일상의 능력

**거룩한 삶의 능력**
어둠을 분별하는 능력은 뛰어난 머리가 아니라 깨끗한 심령입니다.
하나님은 순진한 사람이 아닌 순결한 사람을 원하십니다.

섬김의 능력
복음의 능력
참 제자 됨의 능력
고난을 통한 능력

# 성도의 거룩의 지표

기록되었으되 내가 거룩하니
너희도 거룩할지어다 하셨느니라_벧전 1:16

거룩의 지표는 '예수님이 이 땅에서 어떻게 사셨는가'입니다. 우리는 모두 거룩해지기를 원합니다. 그러나 거룩은 내 의지적 결단만으로 되는 것이 아닙니다. 주님과 온전히 연합해야 합니다.

거룩이란, 온 마음을 다해 주님께 집중하는 것을 의미합니다. 이는 주님의 뜻만이 이루어지도록 그분께 나를 드리는 것을 의미합니다.

예수 그리스도와 하나 될 때, 당신은 이 땅에서 예수님처럼 살아갈 수 있습니다.

# 경건의 훈련

육체의 연단은 약간의 유익이 있으나 경건은 범사에 유익하니
금생과 내생에 약속이 있느니라_딤전 4:8

당신에게 경건의 습관이 없는 이유는 당신 스스로 자신을 훈련하지 않기 때문입니다. 예수님은 영적인 문제뿐 아니라 삶의 모든 문제에서 "내 안에 거하라"고 말씀하십니다.

우리는 가장 가까이 있는 사람을 닮아가게 되어 있습니다. 항상 예수 그리스도와 함께 살아가십시오. 언제나 주님의 사랑에 사로잡혀 계십시오. 그러면 당신은 어느새 그리스도를 닮아 있을 것입니다.

당신의 권리를 예수 그리스도께 온전히 양도하십시오. 그러면 '거룩'해질 것입니다.

오스왈드 챔버스 기독교의 진리

# 거룩한 삶이란

하나님의 뜻은 이것이니 너희의 거룩함이라_살전 4:3

당신이 하나님을 가장 많이 모독하는 때는 '거룩한 행동이 따르지 않는 경건한 말을 할 때'입니다. 거룩은 경건한 말과 찬송을 부르는 것이 아닙니다. '아무도 보지 않는 곳에서 내가 무엇을 하느냐'에 달려 있습니다.

무엇보다 사랑 없는 삶은 거룩한 삶이 아닙니다. 하나님은 거룩하셨기에 우리에게 사랑을 베푸사 예수님을 이 땅에 보내주셨습니다.

당신의 거룩한 행동을 통해 하나님의 복을 전하십시오. 언제나 선을 이루시는 주님을 경험하게 될 것입니다.

일상의 능력
거룩한 삶의 능력

**섬김의 능력**
하나님의 부르심에 순종하는 한 사람이 주를 위해 일하겠다고
달려드는 수백수천의 사람들보다 귀합니다.

복음의 능력
참 제자 됨의 능력
고난을 통한 능력

# 섬김이란

*주께서 대답하여 이르시되 마르다야 마르다야
네가 많은 일로 염려하고 근심하나 몇 가지만 하든지 혹은
한 가지만이라도 족하니라_눅 10:41-42*

하나님을 섬길 기회를 기다리고 있습니까? 그것은 아주 어리석은 짓입니다. 당신은 언제 어디서나 하나님을 섬길 수 있습니다.

자기가 하고 싶은 일만 하는 사람은 하나님을 위해 아무 것도 하지 못합니다. 간혹 기분에 따라 무언가를 하기 원하지만, 결국 그 일도 자기 자신을 위할 뿐입니다. 그러나 하나님과 바른 관계에 있는 사람은 기분이 좋든 말든 항상 하나님의 나라와 복음을 위해 최선을 다합니다.

하나님을 섬기는데 피곤이란 있을 수 없습니다. 우리가 지치고 짜증내는 이유는 하나님을 의지하기보다 자기 방법으로 하나님의 일을 하려 하기 때문임을 기억하십시오.

# 행복인가, 충성인가

이 복음을 위하여 그의 능력이 역사하시는 대로 내게 주신
하나님의 은혜의 선물을 따라 내가 일꾼이 되었노라_엡 3:7

인생의 목적은 행복이 아니라 '하나님을 영화롭게 하고 그분을 영원토록 즐거워하는 것'입니다. 당신이 유용한 사람인지 아닌지에 대해서는 고려하지 마십시오. 당신은 당신 자신의 것이 아닌 주님의 것임을 항상 기억하십시오. 오직 주께만 충성하십시오.

예수님의 부활 생명을 온전히 의지하면 하나님의 목적과 완전히 접목되는 곳에 이르게 됩니다. 이때 모든 의심과 질문은 사라지고 오직 하나님의 뜻을 위해 살아가게 됩니다.

당신은 그리스도의 부활 생명으로 살아가고 있습니까?

오스왈드 챔버스 기독교의 진리

# 쓰임 받는 삶이란

> 너는 진리의 말씀을 옳게 분별하며 부끄러울 것이 없는 일꾼으로
> 인정된 자로 자신을 하나님 앞에 드리기를 힘쓰라_딤후 2:15

하나님을 알지도 못하면서 하나님을 위해 열심을 내는 것은 그분을 비방하는 것과 같습니다.

선한 영향력을 끼치는 사람은 홀로 있을 때에 하나님과 깊은 교제를 나누는 사람입니다. 당신의 삶은 어떻습니까? 또한 당신의 소망은 하나님을 기쁘시게 하는 것입니까, 아니면 고상해 보이는 다른 어떤 것입니까? 하나님과 이 세상을 위해 의미 있는 삶을 살기 원한다면, 아무도 보지 않는 곳에서 인내하십시오. 늘 평안할 수 있는 유일한 비결은, 흔들림 없이 예수 그리스도를 바라보며 사는 것입니다.

하나님께 쓰임 받기를 원한다면, 먼저 예수 그리스도와 올바른 관계를 맺으십시오. 그러면 의식하지 못하는 가운데 매순간 주님께 쓰임 받게 될 것입니다.

## 주님보다 앞서지 마십시오

여호사밧이 또 이스라엘의 왕에게 이르되 청하건대
먼저 여호와의 말씀이 어떠하신지 물어 보소서_왕상 22:5

신앙생활의 가장 큰 문제는 하나님께서 '기다리라'고 하실 때, 참지 못하고 주님을 앞지르는 것입니다. 인내란, 주님의 때까지 끝까지 참고 기다리는 것입니다.

믿음은 절대로 세상의 요령을 선택하지 않습니다. 당신이 어떤 상황에 처하든 절망하지 마십시오. 계속 인내하며 예수 그리스도께 충성하십시오. 그것이 주의 영광을 보는 길입니다.

당신이 처한 모든 상황과 장소에서 하나님을 먼저 구하십시오. 당신이 주의 일꾼이라면 항상 하나님이 '첫 걸음'을 떼시게 하십시오. 부디 하나님을 앞서지 마십시오.

오스왈드 챔버스 기독교의 진리

# 당신을 통하여

일어나라 빛을 발하라 이는 네 빛이 이르렀고
여호와의 영광이 네 위에 임하였음이니라_사 60:1

하나님은 우리와 '함께' 역사하시지 않고 '우리를 통해' 역사하십니다.

주님과의 관계 속에서 당신의 책임은 "하라"가 아닙니다. 주님을 믿는 상태가 "되라"입니다. 믿음이란, 주님께서 당신을 통해 '일하시도록' 하는 것입니다. 당신이 하나님을 위해 일하는 것이 중요한 것이 아니라 하나님께서 당신을 통해 일하시는 것이 중요합니다.

성도는 오직 하나님의 말씀을 따라 일해야 합니다.

# 성도의 영광

마리아는 지극히 비싼 향유 곧 순전한 나드 한 근을 가져다가
예수의 발에 붓고 자기 머리털로 그의 발을 닦으니
향유 냄새가 집에 가득하더라_요 12:3

세상이 볼 때, 성도의 삶은 일관성이 없어 보입니다. 그러나 사실 성도는 예수 그리스도를 축으로 지극히 일관성 있는 삶을 살아가는 자들입니다.

하나님을 사랑하고 그분이 원하시는 것이 무엇인지 알면, 자원하여 주님을 위해 사용되기를 갈망할 것입니다. 하나님 안에 거하고 행하면 그분의 뜻을 이룰 수 있습니다. 이러한 과정은 하나님께서 미리 정해놓으신 계획을 이루는 것입니다. 당신에게 이 사실이 신비하게 느껴집니까? 논리적으로 맞지 않는 것 같습니까?

바로 이것이 그리스도 안에 거하는 성도의 영광입니다.

오스왈드 챔버스 기독교의 진리

# 희생의 진정한 의미

내가 너희 영혼을 위하여 크게 기뻐하므로 재물을 사용하고
또 내 자신까지도 내어 주리니_고후 12:15

당신이 가진 최고의 것을 주께 쏟아 부어 언제나 가난한 자가 되십시오. 주를 위해서는 아무것도 아까워하지 마십시오. 특히 하나님의 재정을 정치적으로 사용하지 마십시오. 그 돈이 사라질까 봐 염려하지도 마십시오.

당신이 가진 최고의 것을 나누십시오. 누구에게 줄지 고민하지 말고 그저 나누십시오. 그것을 취할지 말지는 상대가 결정하게 하십시오.

우리가 가지고 있는 '희생'이라는 개념은 우리가 원치 않는 것을 억지로 끄집어내어 주는 것을 의미합니다. 그래서 희생을 떠올리면 고통과 슬픔, 아픔이 연상됩니다. 그러나 성경에서의 희생은 자신이 가지고 있는 가장 최고의 것을 '사랑의 선물'로 드리는 것을 의미합니다.

# 누구의 인정을 구하는가

그리고 맡은 자들에게 구할 것은 충성이니라_고전 4:2

온 마음과 힘을 다해 하나님과의 관계를 지켜 나가면, 사람들의 시선으로부터 자유로워집니다. 사람들에게 내가 어떻게 보이든 상관하지 않게 됩니다. 누군가가 보고 있든 그렇지 않든 오직 하나님께 충성하고 다른 영혼들을 섬기십시오.

> "너는 마음을 다하여 여호와를 신뢰하고"(잠 3:5).

사람에게 인정받으려고 애쓰지 마십시오. 당신은 당신 자신의 것이 아니라 주님의 것임을 항상 기억하십시오.

오스왈드 챔버스 기독교의 진리

# 참된 헌신을 위해

> 요한의 아들 시몬아 네가 나를 사랑하느냐 하시니 이르되
> 주님 그러하나이다 내가 주님을 사랑하는 줄 주님께서 아시나이다
> 이르시되 내 양을 치라_요 21:16

바울은 어떤 목적을 위해서가 아닌 철저히 예수 그리스도께 헌신했습니다.

당신이 누군가를 섬기는 동기가 하나님을 향한 사랑이라면, 배신을 당하든 억울한 일을 당하든 상관없이 끝까지 잘 섬길 수 있을 것입니다. 섬기게 하는 힘은 인간을 향한 박애정신이 아니라 주님만을 향한 최상의 사랑임을 늘 기억하십시오.

성도의 참된 헌신은 일이나 명분을 위해 하는 것이 아니라 오직 예수 그리스도께 하는 것입니다.

일상의 능력
거룩한 삶의 능력
섬김의 능력

**복음의 능력**
입을 열어 복음을 전하고 있습니까? 예수 그리스도를 모르는 영혼이 있는 한, 당신은 그가 예수 그리스도를 만날 때까지 주님께 빚진 자입니다.

참 제자 됨의 능력
고난을 통한 능력

# 그리스도를 향한 열정

내 증인이 되리라_행 1:8

인간의 필요를 보면서 '아, 내가 바로 저 일을 위해 하나님께 부름 받았구나'라고 오해하지 마십시오. 소명은 십자가의 구속으로 인해 실제적으로 나타나는 '그리스도를 향한 열정'입니다. 소위 '영혼을 향한 열정' 때문에 그리스도를 향한 열정을 잃지 않도록 주의하십시오.

영혼을 향한 열정이 생겼습니까? 그렇다면 그들을 얻기 위해 당신의 오른손까지도 희생할 각오가 되어 있습니까? 하나님은 당신을 위해 아들의 생명을 희생시키셨습니다. 이제 하나님은 당신의 희생을 통해 영혼들이 살아나기를 원하십니다.

당신의 섬김이 바른 길로 가고 있다면, 당신을 통해 많은 영혼들이 그리스도께로 나아올 것입니다.

# 복음을 전할 때

내 말과 내 전도함이 설득력 있는 지혜의 말로 하지 아니하고
다만 성령의 나타나심과 능력으로 하여_고전 2:4

우리는 하나님의 말씀을 전할 때, 성령님을 의지하기보다 지식으로 자신을 뽐내려고 합니다. 모든 상황에서 자기 자신을 드러내는 데 관심이 많습니다. 하지만 하나님이 원하시는 것은 모든 상황에서 하나님만 바라보고 그분만 드러내는 것입니다.

복음을 전할 때, 인간의 지혜가 아닌 하나님과의 친밀한 관계에서 오는 영적 분별력을 가지고 전하십시오. 예수님은 이 땅에서 인간의 지혜로 말씀하신 적이 단 한 번도 없습니다. 오직 하나님의 지혜로만 말씀하셨습니다.

또한 당신의 상식으로 어떤 것이 유익하다고 분별하여 말하지 마십시오. 기도 가운데 오직 성령님의 인도하심을 받으십시오.

오스왈드 챔버스 기독교의 진리

# 말씀을 선포할 때

너희 말을 항상 은혜 가운데서 소금으로 맛을 냄과 같이 하라
그리하면 각 사람에게 마땅히 대답할 것을 알리라_골 4:6

만약 당신이 어떤 신앙의 주제에 대해 정확하게 표현하지 못한다면 그렇게 할 수 있을 때까지, 그리고 그것이 당신의 것이 될 때까지 노력하십시오. 그러면 그것은 다른 영혼들에게 힘을 주는 영적인 '포도주'가 될 것입니다.

또한 하나님의 말씀을 선포할 때 신중하십시오. 말씀을 희석시키거나 세련되게 덧입히지 말고, 있는 그대로 전하십시오.

단, 영혼을 대할 때는 나 역시 은혜로 구원받은 죄인임을 기억하면서 언제나 사랑으로 대하십시오.

# 말씀의 씨앗 심기

눈물을 흘리며 씨를 뿌리는 자는 기쁨으로 거두리로다
울며 씨를 뿌리러 나가는 자는 반드시 기쁨으로
그 곡식 단을 가지고 돌아오리로다_시 126:5-6

주님은 우리를 향해 오래 참으십니다. 우리 마음속에 말씀의 씨앗을 심고 함께 해주십니다. 그러나 우리는 그렇게 하지 못하고 늘 조급해 합니다. 말씀을 전하자마자 영혼들의 멱살을 잡고 "이것을 당장 믿어야 해"라고 말합니다. 진리는 설득한다고 해서 받아들여지는 것이 아닙니다. 오직 성령님께서 역사해주셔야만 합니다.

> "진리의 성령이 오시면 그가 너희를 모든 진리 가운데로 인도하시리라"(요 16:13).

말씀의 씨앗을 심고 영혼을 위해 기도하면서 '삶'으로 그리스도의 생명을 나누십시오. 때가 이르면 성령님께서 역사하실 것입니다.

오스왈드 챔버스 기독교의 진리

일상의 능력
거룩한 삶의 능력
섬김의 능력
복음의 능력

**참 제자 됨의 능력**
제자들은 예수님이 행하신 일들을 알린 정도가 아니라 그리스도의 교훈을 '보여 주는' 살아 있는 서신이 되었습니다.

고난을 통한 능력

# 성도가 존재하는 이유

소금은 좋은 것이로되 만일 소금이 그 맛을 잃으면 무엇으로 이를 짜게 하리요 너희 속에 소금을 두고 서로 화목하라 하시니라_막 9:50

우리는 하나님의 말씀이 진리임을 믿을 때 그분의 부르심을 듣게 됩니다. 그런데 그 부르심을 현실에서 실현시키려면 반드시 믿음의 시련을 거쳐야 합니다. 그 과정은 매우 고통스럽습니다.

이때 순종하는 것은 우리를 향하신 주님의 뜻이 무엇인지 분명히 알게 해줍니다. 우리는 순종함으로써 이 세대를 본받지 말고 '하나님의 선하시고 기뻐하시고 온전하신 뜻'(롬 12:2)을 분별해야 합니다.

성도가 이 땅에 존재하는 이유는 내가 어떤 복을 누리며 사는지를 보여 주는 본이 되기 위함이 아니라, 하나님 안에서 그리스도와 함께 감추어진 거룩한 생명을 삶으로 나타내기 위함입니다. 그 생명이 나타날 때, 사람들은 우리의 선한 행실을 보고 하늘에 계신 아버지께 영광을 돌리게 될 것입니다.

오스왈드 챔버스 기독교의 진리

# 제자가 되는 길

> 만일 네 오른손이 너로 실족하게 하거든
> 찍어 내버리라 네 백체 중 하나가 없어지고
> 온몸이 지옥에 던져지지 않는 것이 유익하니라 _마 5:30

주님의 제자가 되는데 있어서 가장 큰 방해거리는 '완고함'입니다. 우리는 자신의 독자성과 고집을 우상으로 만든 뒤에 모든 인간이 본받아야 할 표준으로 삼곤 합니다.

당신의 오른손은 당신이 합법적으로 소유한 최고의 것입니다. 그런데 예수님은 당신의 오른손이 주님을 사랑하고 따르는데 방해가 되면, 잘라내라고 요구하십니다. 이 훈련은 주의 제자들에게 가장 혹독하고 엄격한 훈련입니다.

# 십자가의 제자도

만일 우리가 그리스도와 함께 죽었으면 또한
그와 함께 살 줄을 믿노니_롬 6:8

십자가의 제자도란, 언제나 기쁜 마음으로 "나는 내 것이 아니라 주님의 것이다"라고 인정하는 것입니다. 또한 자기 자신에 대한 권리를 더 이상 주장하지 않는 것입니다.

제자도의 기준은 하나님께서 우리를 구속하시기 위해 예수 그리스도를 희생시켜 영생을 허락하신 것입니다. 마찬가지로 우리도 하나님께서 그분의 목적을 위해 마음껏 사용하실 수 있도록 우리 자신을 하나님께 철저히 내어 드려야 합니다. 바로 그것이 제자도입니다.

오스왈드 챔버스 기독교의 진리

# 들의 백합화처럼

기다리는 자들에게나 구하는 영혼들에게 여호와는 선하시도다
사람이 여호와의 구원을 바라고 잠잠히 기다림이 좋도다_애 3:25-26

백합화가 활짝 피어 있는 기간은 아주 짧습니다. 오랜 시간 땅속 어두운 곳에서 자라다가 아주 짧은 기간만 아름답고 향기롭게 빛을 발합니다. 만약 당신도 하나님의 정원에서 백합화가 되길 원한다면, 오랜 기간 아무도 알아주지 않은 곳에서 보내야 합니다.

"들의 백합화가 어떻게 자라는가 생각하여 보라"(마 6:28).

그런데 당신은 조바심과 불평 없이 하나님을 기다릴 수 있습니까? 기다린다는 것은 가만히 있는 것이 아닙니다. 순종을 배우는 것입니다. 주님의 뜻이 이루어지는 데는 언제나 '기다림'이라는 요소가 있음을 기억하십시오.

이제부터 보이지 않는 곳에서 인내하며 기다리십시오. 짓눌리지 않는 삶을 살아가는 비결은 늘 예수 그리스도만을 바라보는 것입니다.

# 빛 가운데 행하십시오

너희는 성령을 따라 행하라 그리하면
육체의 욕심을 이루지 아니하리라_갈 5:16

빛 가운데 행한다는 말은 내 기준이 아니라 주님의 기준에 따라 행하는 것을 말합니다. 끊임없이 빛을 발하는 삶은 일시적인 것 위에 서서는 불가능합니다. 그 무엇에도 영향을 받지 않는 하나님의 사랑 위에 설 때에만 가능합니다. 그 어떠한 삶의 경험도 "우리 주 예수 그리스도 안에 있는 하나님의 사랑"을 끊을 수 없습니다.

> "그가 빛 가운데 계신 것 같이 우리도 빛 가운데 행하면"(요일 1:7).
> "너희 의가 서기관과 바리새인보다 더 낫지 못하면"(마 5:20).

그리스도인의 삶은 서기관과 바리새인의 의보다 나아야 합니다. 이는 외적인 행동에 있어서 뿐만 아니라 내면도 옳아야 함을 의미합니다. 우리는 말과 행동에서 옳을 뿐만 아니라 깊은 동기와 생각과 감정까지도 하나님 앞에서 옳아야 합니다.

오스왈드 챔버스 기독교의 진리

일상의 능력
거룩한 삶의 능력
섬김의 능력
복음의 능력
참 제자 됨의 능력

**고난을 통한 능력**
모든 시대를 거쳐 언제나 멸시 받았던 부류는 성도였습니다. 예수 그리스도를 따르면 세상의 문화와 논리, 철학의 저항을 받게 됩니다. 세상이 당신을 미워하더라도 이상히 여기지 마십시오.

# 믿음의 시련

내 형제들아 너희가 여러 가지 시험을 당하거든
온전히 기쁘게 여기라 이는 너희 믿음의 시련이 인내를
만들어 내는 줄 너희가 앎이라_약 1:2-3

오늘날 많은 성도들이 시련을 피해 멀리 서 있으려고 합니다. 그러나 이렇게 되면 하나님께 무용한 존재가 되어 버리고 맙니다. 우리는 아무리 상황이 열악해도 안전과 성공보다는 하나님을 향한 충성을 선택해야 합니다.

위기가 올 때 모든 것을 주께 맡기십시오. 그리고 하나님의 음성 외에 다른 모든 것은 차단하십시오. 구원을 위하여 부르짖는 기도를 드리십시오. 두려워하지 말고 하나님과 교제하며 그분의 음성을 듣고 충성하십시오. 그러면 가장 귀한 보배를 얻게 될 것입니다.

오스왈드 챔버스 기독교의 진리

# 그리스도인의 고난

높음이나 깊음이나 다른 아무 피조물이라도 우리를 우리 주 그리스도 예수 안에 있는 하나님의 사랑에서 끊을 수 없으리라_롬 8:39

예수 그리스도께서 "나의 고난에 동참하라"고 권면하시면, 우리는 영원한 영광을 바라보며 기뻐하기보단 마음속에 그로 인해 당할 고통을 상상하며 슬퍼합니다. 대부분의 성도가 위기를 당하면 믿음을 저버리고 이방인처럼 행동합니다. 오직 소수만이 위기 가운데 용맹스럽게 하나님을 의지합니다.

사탄의 계략은 우리가 스스로를 패배자로 여기도록 만드는 것입니다. 그러나 결코 아닙니다! 우리는 "우리를 사랑하시는 이로 말미암아 넉넉히 이기는"(롬 8:37) 승리자들입니다.

어떠한 고난이 찾아올지라도 그리스도 예수 안에 있는 하나님의 사랑으로부터 우리를 끊을 수 없음을 기억하십시오.

# 그리스도와의 교제

그들이 너를 치나 너를 이기지 못하리니 이는 내가 너와 함께 하여
너를 구원할 것임이니라 여호와의 말이니라_렘 1:19

재난은 그리스도와 참된 교제를 나누는 성도에게도 찾아옵니다. 하나님은 우리에게 어떠한 문제도 없을 것이라고 약속하지 않으셨습니다. 다만 "내가 너와 항상 함께 하겠다"라고 약속하셨습니다. 어려움을 제거해주신다는 것과 어려움 가운데 함께 하신다는 것은 전혀 다른 이야기입니다.

당신의 유별난 성격 때문에 무시를 당하고 있다면 그것은 당신이 옳지 않은 길에 서 있기 때문입니다. 그러나 주님께 충성할 때 사람들의 반감을 산다면 그것은 옳은 길에 서 있다는 증거입니다.

당신의 멍에를 매고 잠잠히 기다리십시오. 물론 세상은 당신을 조롱할 것입니다. 그리스도와 하나 될 때 가장 빠르게 나타나는 반응이 바로 세상의 조롱입니다. 만약 이때 당신이 주님과 함께 하지 않는다면, 당신은 자신을 변론하게 될 것입니다.

오스왈드 챔버스 기독교의 진리

# 타협하지 않는 성도

> 이제 내가 사람들에게 좋게 하랴 하나님께 좋게 하랴 사람들에게
> 기쁨을 구하랴 내가 지금까지 사람들의 기쁨을 구하였다면
> 그리스도의 종이 아니니라_갈 1:10

우리는 친한 사람의 기분을 상하게 하지 않기 위해 하나님의 진리를 희석시키곤 합니다. 주의 진리를 알면서도 명확하게 전달하지 않는 것입니다.

하지만 이는 그들이 죄 가운데 거하도록 돕는 것밖에 되지 않습니다. 우리는 절대로 하나님의 진리를 감추어서는 안 됩니다.

사람들이 당신에게 동의하지 않는다고 해서 진실을 모르는 체 하지 마십시오. 세상은 하나님께 믿음을 둔 성도의 입을 막을 수는 있어도, 그를 보호하시고 사랑하시는 하나님을 막을 수는 없습니다.

# 박해받는 성도

너희가 세상에 속하였으면 세상이 자기의 것을 사랑할 것이나
너희는 세상에 속한 자가 아니요 도리어 내가 너희를 세상에서
택하였기 때문에 세상이 너희를 미워하느니라_요 15:19

거룩한 인간은 거룩하지 않은 인간들로부터 박해를 받습니다. 거룩한 인간이 복음의 진리를 삶으로 증거하면 거룩하지 않은 인간들은 격분하거나 조롱합니다. 이처럼 하나님의 편에 서면 세상으로부터 비방을 받게 됩니다. 그럼에도 불구하고 당신은 그 수치와 모욕을 모두 견뎌 나가십시오.

"내게 능력 주시는 자 안에서 내가 모든 것을 할 수 있느니라"(빌 4:13)는 바울의 고백에서 '모든 것'의 의미는 비방과 멸시, 배고픔과 궁핍 등을 가리킵니다. 이것이 그리스도인의 능력입니다. 즉, 철저히 멸시받는 자리까지 내려갈 수 있는 능력이 바로 성도의 능력입니다.

오스왈드 챔버스 기독교의 진리

# 고난의 유익

이는 너희 믿음의 시련이 인내를 만들어 내는 줄 너희가 앎이라
인내를 온전히 이루라 이는 너희로 온전하고 구비하여
조금도 부족함이 없게 하려 함이라_ 약 1:3-4

하나님께서 당신을 어둠 속에 두시면 잠잠히 그분의 음성을 구하십시오. 마침내 주님은 당신을 빛으로 나오게 하셔서 세상에 전해야 할 귀한 메시지를 당신에게 주실 것입니다.

> "내가 너희에게 어두운 데서 이르는 것을 광명한 데서 말하며 너희가 귓속말로 듣는 것을 집 위에서 전파하라"(마 10:27).

거듭난 후에 오는 여러 고난은 우리를 정결하게 할 뿐 아니라 누군가를 위한 영양분이 되게 합니다. 고난을 통해 우리는 주님의 손안에서 '찢겨진 빵'이 되어 많은 이들에게 유익을 주게 됩니다.

그런데 우리 중에는 한쪽이 다 타버려 먹지 못할 빵 같은 자들이 있습니다. 그들은 영양분을 주기는커녕 도리어 소화불량을 일으킵니다.

# 우리의 피난처

나는 무리에게 이상한 징조 같이 되었사오나
주는 나의 견고한 피난처시오니_시 71:7

포도주를 마시면 생기를 얻고 즐거움을 얻습니다. 그러나 그 포도주가 나오기 위해서는 먼저 포도송이가 짓이겨져야 합니다. 하나님께서 우리에게 지우시는 멍에와 고난이 바로 이와 같습니다. 당신이 처한 상황이 어떠하든지 주님이 함께 하심을 확신하십시오.

당신의 생명이 하나님 안에서 그리스도와 함께 숨겨져 있다면, 당신은 그 어떠한 환난과 오해, 비방 속에서도 평안을 누릴 수 있을 것입니다.

"하나님은 피난처이시니" 그 어떤 것도 당신을 흔들 수 없습니다.

# 성도의 승리란

> 무릇 하나님께로부터 난 자마다 세상을 이기느니라
> 세상을 이기는 승리는 이것이니 우리의 믿음이니라_요일 5:4

하나님과의 교제를 위해 내 생각과 활동, 섬김을 멈추고 그분의 손에 모든 것을 맡길 때, 숨겨진 상처가 치유되고 의심은 사라지며 흐트러진 전투 자세는 다시 강하게 잡힙니다.

"주 안에서와 그 힘의 능력으로 강건하여지고"(엡 6:10).

우리는 주를 위하여 강건해지기를 원합니다. 그러나 주 안에서 강해질 수 있는 유일한 비결은 '주 안에서 약해지는 것'뿐입니다. 성도의 승리란, 하나님 앞에 충성스럽게 서 있는 것입니다. 어디에 있든지 예수 그리스도를 주인으로 모신다면, 당신은 그곳에서 반드시 승리할 것입니다.

금욕주의자들은 스스로 무감각하고 열정 없는 존재가 되는 것으로 세상을 정복하려고 합니다. 그러나 성도는 예수 그리스도를 향한 뜨거운 사랑으로 세상을 이겨야 합니다.

2장

# 거듭남

●

예수 그리스도를 만나면
절대로 이전과 같을 수 없습니다.
주님을 만나는 순간,
영원한 운명이 결정되기 때문입니다.

# 거듭났는가?

> 삭개오가 서서 주께 여짜오되 주여 보시옵소서
> 내 소유의 절반을 가난한 자들에게 주겠사오며 만일 누구의 것을
> 속여 빼앗은 일이 있으면 네 갑절이나 갚겠나이다_눅 19:8

대부분의 사람들이 자기 자신 외에는 별 관심이 없습니다. 거듭나지 않은 영혼은 하나님의 부르심에 대한 아무런 감각이 없습니다. 하지만 성령의 역사로 자신의 죄를 깨달은 사람은 모든 것이 바뀌면서 하나님의 음성을 듣기 위해 온 마음을 다하게 됩니다.

> "뱀이 그 간계로 하와를 미혹한 것 같이 너희 마음이 그리스도를 향하는 진실함과 깨끗함에서 떠나 부패할까 두려워하노라"(고후 11:3).

인간의 진실함은 교리에 의해 만들어지는 것이 아니라 예수님을 향한 인격적인 차원에서 만들어집니다. 우리를 사로잡는 것은 이론이 아니라 인격이기 때문에 그 어떤 완벽한 이론이라 해도 인간을 변화시키지는 못합니다. 예수 그리스도의 생명이 임하는 것 외에는 인간을 근본적으로 변화시킬 수 있는 것은 없습니다. 오직 거듭남 외에는 인간의 근본적 변화는 불가능합니다.

# 거듭난 성도의 생명력

너희가 거듭난 것은 썩어질 씨로 된 것이 아니요
썩지 아니할 씨로 된 것이니 살아 있고 항상 있는
하나님의 말씀으로 되었느니라_벧전 1:23

거듭난 성도는 '의식적인 회개'와 '무의식적인 거룩한 삶'으로 그 생명력을 드러냅니다. 결코 무의식적인 회개와 의식적인 거룩으로 자신을 드러내지 않습니다.

기독교의 바탕은 '회개'입니다. 만약 회개로 인한 하나님의 복이 무엇인지 알지 못한다면, 당신은 여전히 어둠 가운데 있는 것입니다. 거듭나면 제일 먼저 모든 위선과 경건의 모양이 제거됩니다.

만약 인간을 향한 하나님의 계획을 알고 싶다면 예수 그리스도를 바라보십시오. 예수 그리스도를 영접하면 새 생명을 얻습니다. 이 생명은 시간도, 죽음도 결코 건드릴 수 없습니다.

오스왈드 챔버스 기독교의 진리

## 스스로 이루어 가십시오

> 그러므로 너희가 더욱 힘써 너희 믿음에 덕을, 덕에 지식을,
> 지식에 절제를, 절제에 인내를, 인내에 경건을, 경건에 형제 우애를,
> 형제 우애에 사랑을 더하라_벧후 1:5-7

베드로후서 말씀에서 "더하라"는 말의 의미는 "바로 당신이 이 일을 행해야 합니다"라는 뜻입니다. 당신은 하나님이 하시는 일을 할 수 없고, 반대로 하나님은 당신이 할 수 있는 일을 대신 해주시지 않습니다.

우리를 거듭나게 하고 거룩하게 하는 일은 하나님이 하십니다. 그러나 좋은 습관과 좋은 성품을 쌓는 것은 우리가 해야 할 일입니다. 우리는 하나님께서 우리 안에 이루신 구원을 힘써 성취해나가야 합니다.

하나님이 당신의 모든 기질을 주관하시도록 맡기십시오. 당신의 모든 관계 또한 하나님께 맡기고 순종하십시오. 그러면 당신은 '세속과 거룩'을 분리시키려는 악몽에서 벗어나게 될 것입니다. 비록 믿음의 시련이 힘들더라도 하나님을 믿고 끝까지 충성하면 영적인 성품을 얻게 될 것입니다.

# 거듭남과 시험

너희 믿음의 확실함은 불로 연단하여도
없어질 금보다 더 귀하여 예수 그리스도께서 나타나실 때에
칭찬과 영광과 존귀를 얻게 할 것이니라_벧전 1:7

거듭나서 하나님 나라의 백성이 되면 반드시 시험, 즉 예수 그리스도께서 광야에서 겪으신 시험을 치르게 됩니다(마 4:3-11). 성화의 시험은 '아무도 보지 않는 곳에서 내가 어떠한 인간인가' 하는 데 있습니다.

당신은 그 어떤 행위로도 거룩해질 수 없습니다. 오직 복음에 의해 그리스도의 생명을 받아 거듭날 때에 거룩해집니다. 거듭남을 통해 거룩해졌다면, 그리고 하나님의 사랑 안에 거한다면, 당신의 삶을 통해 거룩함과 사랑이 나타나도록 끊임없이 스스로를 훈련시키십시오. 비록 오랜 시간이 걸리더라도 끝까지 인내하십시오.

하나님은 당신에게 좋은 습관과 성품까지 주진 않으셨을 것입니다. 물론 강제로 고쳐 놓지도 않으실 것입니다. 그러니 하나님께서 당신 안에 이루신 구원을 삶으로 힘써 나타내십시오.

오스왈드 챔버스 기독교의 진리

# 삶의 새로운 변화

내가 그를 위하여 모든 것을 잃어버리고 배설물로 여김은
그리스도를 얻고 그 안에서 발견되려 함이니_빌 3:8-9

마음이 예수 그리스도를 향해 돌아서면 혼돈은 질서로, 분노는 사랑으로, 근심은 평강으로 바뀝니다.

거듭난 이들의 공통점은 자신을 향한 하나님의 위대한 목적을 깨닫는다는 것입니다. 진정 하나님을 사랑하고 그분이 원하시는 것을 알게 되면, 더 이상 다른 것에 삶이 낭비되는 것을 원치 않게 될 것입니다.

하나님의 은혜로 새로워지면, 과거에 죄성을 따르던 모든 신경이 "우린 새로워진 성향을 따를 수 없어"라고 외칠 것입니다. 그러나 담대히 선포하십시오. 당신의 온몸이 순종할 것입니다.

# 진정한 내적 변화

하늘에 계신 너희 아버지의 온전하심과 같이 너희도 온전하라_마 5:48

성령님이 함께 하시면, 어둠 가운데 있을지라도 예수 그리스도께 어떠한 불평과 비난도 하지 않을 것입니다. 이 땅에 사셨던 예수님께 단 한 번도 실망이 찾아오지 않았던 것처럼, 하나님은 우리 성품을 다듬으셔서 실망하지 않는 자리까지 인도해주실 것입니다.

> "그리스도께서 너희를 사랑하신 것 같이 너희도 사랑 가운데서 행하라"(엡 5:2).

예수님의 사랑은 우리의 모든 간사함과 이기심, 죄성을 끊어놓은 후, 받은 사랑을 다른 사람들에게 전하라고 명령합니다.

# 그리스도의 생명의 능력

> 이 약속으로 말미암아 너희가 정욕 때문에 세상에서 썩어질 것을 피하여 신성한 성품에 참여하는 자가 되게 하려 하셨느니라_벧후 1:4

겸손은 스스로의 힘으로 추구해내는 이상(ideal)이 아닙니다. 하나님과 바른 관계를 맺은 생명으로부터 무의식적으로 나타나는 것입니다. 즉, 겸손은 그리스도의 생명의 능력입니다.

초자연적인 은혜가 임할 때에 나타나는 가장 중요한 특징은 용서할 수 없는 사람을 용서하게 된다는 것입니다. 용서는 우리에게 나타나는 가장 위대한 기적입니다. 원수를 사랑하고 그를 위해 기도하게 될 때, 당신은 하나님께서 놀라운 일을 행하셨음을 알게 될 것입니다.

당신은 은혜 안에 거하고 있습니까? 그렇지 않다면 당신이 해야 할 최선은 '구하는 것'입니다. 아직 발견하지 못했다면 찾으십시오. 아직 열리지 않았다면 두드리십시오.

3장

# 하나님을 향한 사랑

●

세상, 정욕, 사탄을 이길 수 있는 힘은
하나님을 사랑하는 것뿐입니다.

# 당신의 사랑은 안전한가

이 세상이나 세상에 있는 것들을 사랑하지 말라 누구든지 세상을
사랑하면 아버지의 사랑이 그 안에 있지 아니하니_요일 2:15-17

당신이 하나님만으로 만족하지 않는다면 그분을 향한 당신의 사랑은 안전하지 않습니다.

당신은 최고의 주님을 최고로 사랑해야 합니다. 성령님께서 당신이 어떻게 최고이신 그분만을 사랑할 수 있는지 언제나 가르쳐 주실 것입니다. 만약 하나님을 향한 사랑이 지금 당신의 삶을 주관하고 있지 않다면, 당신의 사랑은 어느새 정욕으로 바뀔 것입니다.

"예수님을 사랑해요"라는 말에는 "저는 악을 싫어하고 제가 지은 죄에 대해 슬퍼합니다"라는 고백이 반드시 포함되어 있어야 합니다.

# 하나님을 사랑할 때

사랑은 … 악한 것을 생각지 아니하며_고전 13:4-5

지금 당신이 죄만 내려놓은 상태라면 아직 주님과 사랑에 빠져 있다고 말하지 마십시오. 만약 누군가를 사랑한다면, 그가 싫어하는 것만 내려놓고 끝나겠습니까?

당신에게 하나님이 최고라면 당신은 그분이 싫어하는 생각은 조금도 하지 않을 것입니다. 하나님과 거리를 두지 말고 늘 그분 안에서 즐거워하며 그분을 가까이 하십시오. 온 마음으로 하나님을 사랑하면 세상의 것에 마음이 끌리지 않습니다.

> "세 번째 이르시되 요한의 아들 시몬아 네가 나를 사랑하느냐" (요 7:17).

주를 사랑하는 것은 우리의 생명 가장 깊은 곳에서만 가능합니다. 만약 당신 안에 이러한 사랑이 시작된다면, 예수 그리스도만을 바라보게 될 것입니다.

오스왈드 챔버스 기독교의 진리

# 은혜에 사로잡히십시오

주의 이름을 사랑하는 자들에게 베푸시던 대로 내게 돌이키사
내게 은혜를 베푸소서_시 119:132

하나님의 은혜에 사로잡히면 당신의 사랑은 안전합니다. 그러나 하나님을 향한 사랑이 가장 강하지 않으면 그 사랑은 반드시 정욕으로 드러나게 됩니다. 세상에서 일어나는 잔인한 사건들 대부분이 이렇게 일어납니다. 즉, 하나님만이 채워주실 수 있는 것을 피조물에게 요구하면서부터 말입니다. 우리는 상대가 내 요구를 들어주지 않을 때, 앙심을 품게 되고 질투하게 되고 미워하게 되고 잔인하게 굴게 됩니다.

하나님의 은혜가 임하면 하나님 앞에서 자신의 모습을 보게 됩니다. 그때는 정신적으로 건강한 사람도 광적으로 변할 수밖에 없습니다.

당신은 정욕과 사랑의 차이를 구별할 수 있습니까? 하나님의 은혜로 모든 잔인함, 앙심, 질투로부터 당신을 보호하십시오.

4장

# 참 목자의 삶

●
영혼을 구원하는 일은 하나님의 일입니다.
그러나 구원받은 영혼을
제자로 훈련시키는 것은 우리의 몫입니다.

# 우상이 된 사역

두 사람이 뜻이 같지 않은데 어찌 동행하겠으며_암 3:3

종종 사역이 우상이 되어 당신을 사로잡는 경우가 있습니다. 혹시 "이 사역은 반드시 내가 성취하고 말 테야!"라고 다짐했습니까? 그렇다면 하나님은 그 사역에 함께 하지 않으실 뿐 아니라 그 사역을 통해 당신의 영혼은 해를 입게 될 것입니다. 그러나 하나님의 부르심을 받고 그분을 사랑함으로 사역하면, 어떠한 상황에서도 하나님의 임재를 확신하며 평안할 것입니다.

많은 사역자들이 하나님을 예배하기보다 자신들의 사역을 예배합니다. 그러나 참된 사역자가 가져야 할 한 가지는 '하나님과의 교통'입니다. 이를 위해서는 말씀과 기도를 통해 예수 그리스도의 복음에 집중해야 합니다. 사역자는 먼저 자신의 모든 영역에서 예배자로 자유를 누릴 수 있어야 합니다.

사역의 동기는 예수님을 향한 충성이어야 합니다. 사역이 우상이 되지 않도록 늘 깨어 있으십시오.

# 추종자를 만들지 마십시오

여러분에게 복음을 전하는 것은 이런 헛된 일을 버리고
천지와 바다와 그 가운데 만물을 지으시고 살아 계신
하나님께로 돌아오게 함이라_ 행 14:15

오늘날 설교자들이 "어떻게 하면 청중을 사로잡을 것인가"에 대한 뜨거운 열정을 보이고 있습니다. 그러나 그것이 목적이 되어서는 안 됩니다. 오직 주의 복음을 분명하게 제시하는 것만이 목적이 되어야 합니다. 성령님이 강권하지 않으시면, 절대로 설교하지 마십시오. 그분이 강권하시는 동기는 그리스도밖에 없습니다.

> "내가 너희 중에서 예수 그리스도와 그의 십자가에 못 박히신 것 외에는 아무것도 알지 아니하기로 작정하였음이라"(고전 2:2).

성경에서 나오는 그리스도의 종들은 인간의 마음을 훔치지 않고 오직 주께로만 향하게 했습니다. 예수님은 "가서 제자를 만들라"고 하셨지 추종자를 만들라고 하지 않으셨습니다. 참되고 가치 있는 사역인지 아닌지는 영혼들을 예수 그리스도께로 인도해 그분을 믿고 순종하게 하느냐에 달려 있습니다.

오스왈드 챔버스 기독교의 진리

# 사역자의 마음과 자세

그는 흥하여야 하겠고 나는 쇠하여야 하리라 하니라_요 3:30

사역자에게 가장 위험한 것 중 하나가 자신의 눈을 '성공적인 사역'에 고정하는 것입니다. 그런 사역에 마음을 빼앗기면, 시간이 지나면서 주님을 대적하는 자로 바뀌게 되고, 주의 사역을 위해 사용하라고 주신 영적 무기를 주님을 대적하는 데 사용하게 될 것입니다.

사역자는 자신의 자아가 보이지 않을 때까지 쇠하여야 합니다. 그래서 아무도 그를 기억하지 않을 정도가 되어야 합니다. 이것이 바로 사역자가 가져야 할 진정한 헌신의 자세입니다.

하나님이 전능하신 분임을 망각하는 순간부터 사역은 열매를 잃게 됩니다. 부흥의 실패는 주님 때문이 아니라 그분의 전능하심을 망각한 우리 때문입니다.

# 인간의 필요, 주님의 필요

베드로가 여짜와 이르되 보소서 우리가 모든 것을 버리고
주를 따랐나이다_막 10:28

우리가 해야 할 사역은 봉사가 아니라 예수님께 '충성'하는 것입니다. 사역자는 하찮은 일들 가운데서 하나님의 고결한 사람이 되는 법을 배워나가야 합니다.

"네가 나를 사랑하느냐. 그러면 내 양을 먹이라. 다른 사람에 대한 네 관심에 나를 일치시키려 하지 말고 그를 향한 내 관심에 너를 일치시켜라."

사람들이 당신을 필요로 하기 때문에 그곳에 가야 한다고 주장하지 마십시오. 만약 당신이 주의 보혈로 거룩한 자가 되었다면, 주께서 보내시기 전까지 움직이지 않을 것입니다. 누군가를 예수님의 제자로 만들기 전에 먼저 당신이 그리스도의 제자가 되십시오.

오스왈드 챔버스 기독교의 진리

# 무엇을 증거할 것인가

> 거역하는 자를 온유함으로 훈계할지니 혹 하나님이 그들에게
> 회개함을 주사 진리를 알게 하실까 하며_딤후 2:25

바울은 단 한 번도 자신의 옛 사람이 하나님의 은혜로 지금 얼마나 멋지게 바뀌었는지에 대해 증거하지 않았습니다. 그는 하나님께서 "그의 아들을 이방에 전하기 위하여 그를(예수 그리스도) 내 속에 나타내시기를 기뻐하셨다"(갈 1:16)라고 증거했습니다. 즉, 바울은 예수 그리스도만을 증거했습니다.

사역자는 어떤 어려움이라도 감당할 준비가 되어 있어야 합니다. 모든 나쁜 것을 흡수해 선한 것으로 바꿀 준비가 되어 있어야 합니다. 이를 위해서는 오직 하나님의 초자연적인 은혜와 이를 감당하려는 책임감이 그의 안에 있어야 합니다.

사역자는 자신과 맞지 않은 영혼들과 함께 하며 그들을 예수 그리스도께로 인도해야 합니다.

오스왈드 챔버스 기독교의 진리

PART 03

# 어떻게 믿음을
# 세워나갈 것인가

이성에 우리의 철학을 세우면
언제나 잘못된 길로 갈 것입니다.
그러나 하나님께 우리의 믿음을 세우면
우리 삶은 바르게 나아갈 것입니다.

1장

# 믿음

●
믿음은 하나님을 우리에게로
이끄는 수단이 아닙니다.
믿음은 하나님의 선물입니다.
하나님은 믿는 자들을 통해
그분의 목적을 이루십니다.

**믿음의 본질**

보이는 것을 신뢰하는 것은 믿음이 아닙니다. 믿음이란, 하나님의 성품을 붙들고 아직 보이지 않는 것을 믿는 것입니다.

믿음의 반석
믿음의 이상

# 믿음인가, 상식인가

> 우리는 십자가에 못 박힌 그리스도를 전하니 유대인에게는 거리끼는 것이요 이방인에게는 미련한 것이로되_고전 1:23

과감하게 믿음으로 나아가려 하면, 그 믿음과 상반되는 상식과 부딪히게 됩니다. 상식적으로 말이 안 되는 상황임에도 불구하고 당신은 예수 그리스도를 의지하여 믿음으로 나아갈 수 있습니까?

절대로 당신의 상식을 가지고 하나님의 아들을 밀쳐내지 마십시오. 상식은 하나님의 아들에게 굴복할 때에 가장 아름답습니다. 결코 당신의 보좌에 상식을 앉히지 마십시오.

믿음은 이성에 의해 증거되는 것이 아니라 순종을 통해서만 증거됩니다. 순종할 때에야 비로소 산 믿음이 됩니다. 이성 위에 신앙을 세우면, 그 신앙은 삶으로 나타나지 않습니다. 그러나 하나님의 성품을 믿는 믿음에 신앙을 세우면, 그리스도를 닮아가게 됩니다.

# 믿음의 뿌리

너희는 마음에 근심하지 말라 하나님을 믿으니 또 나를 믿으라_요 14:1

사탄이 하나님 앞에서 참소하는 자는, 하나님을 사랑하는 자가 아니라 하나님께서 주시는 것을 사랑하는 자입니다.

믿음의 뿌리는 그분을 인격적으로 아는 것입니다. 성도가 빠지는 가장 큰 함정 중에 하나가 바로 '하나님이 나를 반드시 성공시키실 것'이라는 생각입니다.

믿음이란, 내 소원을 이루기 위해 하나님을 부르는 수단이 아닙니다. 믿음은 하나님의 선물입니다. 하나님은 믿는 우리를 통해 그분의 목적을 이루십니다.

# 경험이 믿음인가

그의 신기한 능력으로 생명과 경건에 속한 모든 것을
우리에게 주셨으니 이는 자기의 영광과 덕으로써
우리를 부르신 이를 앎으로 말미암음이라_벧후 1:3

하나님은 과거의 전례에 따라 행하지 않으십니다. 그런데 우리는 그리스도께 충성하기보다 체험으로 형성된 자기 확신에 충성하며 "나는 이 확신을 절대로 바꾸지 않을 거야"라고 고집스럽게 말하곤 합니다.

당신이 맛본 약간의 하늘의 체험 때문에 무한한 하늘의 기쁨과 평강의 근원이신 예수 그리스도를 놓치는 일이 없도록 주의하십시오.

신앙의 체험이 믿음의 바탕이 되어서는 안 됩니다. 그것은 내게 믿음이 있다는 안타까운 증거일 뿐입니다.

# 먼저는 행함보다 믿음

너희를 부르시는 이는 미쁘시니 그가 또한 이루시리라_살전 5:24

하나님의 섭리는 그분의 뜻대로 이루어집니다. 끔찍한 병에 걸릴지라도 하나님을 신뢰하는 영혼은 욥처럼 고백해야 합니다.

"주가 나를 죽이실 지라도 나는 여전히 주님을 신뢰할 것입니다."

가장 우선적으로 필요한 것은 행함이 아니라 믿음입니다. 믿음은 십자가의 구속 위에 세우는 것이지 체험을 바탕으로 두는 것이 아닙니다. 흔들리지 않는 믿음과 구원하는 믿음은 하나님께서 그리스도를 통하여 행하신 그 일 위에 세워져야 합니다.

오스왈드 챔버스 기독교의 진리

믿음의 본질

**믿음의 반석**
복음적인 믿음의 본거지는 내 기쁨이 아니라 하나님의 기쁨입니다.

믿음의 이상

# 믿음의 결핍

너희는 사도들과 선지자들의 터 위에 세우심을 입은 자라
그리스도 예수께서 친히 모퉁잇돌이 되셨느니라_엡 2:20

우리에게 필요한 것은 무엇을 하는 것이 아니라 '믿는 것'입니다. 그리고 그 내용은 십자가의 구속과 우리 안에 내주하시는 성령님을 믿는 것입니다.

당신의 믿음이 기갈 되는 이유는 예수님과 연결되어 있지 않기 때문입니다. 이제 예수님 앞에 나아가 죄를 회개하고 그분과 연합하십시오. 그러면 믿음의 결핍은 사라질 것입니다.

성도의 믿음의 반석은 갈보리 십자가에서 보이신 측량할 수 없는 하나님의 놀라운 사랑과 은혜입니다.

오스왈드 챔버스 기독교의 진리

# 어린아이 같은 믿음

누구든지 이 어린아이와 같이 자기를 낮추는 사람이
천국에서 큰 자니라_마 18:4

믿음은 내가 하나님을 보는 것이 아니라, 하나님이 나를 보고 계시다는 사실을 아는 것입니다. 믿음의 삶이란, 이를 알고 어린아이 같이 완전한 자유 가운데 뛰노는 것입니다.

예수님은 "어린아이 같지 아니하면"이라고 말씀하셨습니다. 어린아이는 다른 어떤 것이 아닌 오직 부모만을 철저하게 믿고 따릅니다. 부모만 곁에 있으면 즐겁고 평안합니다. 당신은 하나님 앞에서 이런 어린아이와 같습니까?

당신도 하나님을 향해 예수님이 보이신 어린아이와 같은 진실한 믿음을 보인다면, 하나님의 은혜가 무한히 흘러넘칠 것입니다.

믿음의 본질
믿음의 반석

## 믿음의 이상
당신은 "어린양이 어디로 인도하든지"(계 14:4) 따라가고 있습니까? 그럼에도 불구하고 어린양을 따라가는 것이 성도의 믿음입니다.

# 성경적인 믿음이란

> 일을 아니할지라도 경건하지 아니한 자를 의롭다 하시는 이를
> 믿는 자에게는 그의 믿음을 의로 여기시나니_롬 4:5

성경적인 믿음은 하나님의 법칙에 대한 믿음이 아니라 모든 것을 다스리시는 하나님을 향한 믿음입니다.

당신은 '하나님이 전능하시다'라는 진리를 믿습니까? 그렇다면 하나님의 성품에 대해서는 어떻게 생각하고 있습니까? 혹시 하나님을 당신의 문제 하나 해결하지 못하는 무능한 분으로 여기고 있지는 않습니까?

믿음은 그분의 전능하신 능력과 함께 그분의 거룩함과 사랑의 성품을 믿는 것입니다. 하나님은 전능하신 분이고 예수 그리스도 안에서 영원토록 우리를 사랑하시는 분이며 완전하게 거룩하신 분입니다.

# 믿음의 이상적인 자세

그런즉 자랑할 데가 어디냐 있을 수가 없느니라
무슨 법으로냐 행위로냐 아니라 오직 믿음의 법으로니라_롬 3:27

우리를 보호하는 것은 우리의 믿음이 아니라 하나님 한 분이십니다. 그런데 우리는 자신의 믿음을 신뢰하려는 위험에 빠질 때가 참 많습니다.

믿음의 이상적인 자세는 우리가 하나님을 위해 일하는 것이 아니라 하나님이 우리를 위해 일하실 수 있도록 하는 것입니다.

만약 당신에게 믿음이 있다면, 그 믿음은 전능하신 하나님을 믿는 믿음이어야 합니다. 하나님은 친히 하신 말씀을 다 이루실 것입니다. 그러니 당신은 변함없이 주께 순종하십시오.

오스왈드 챔버스 기독교의 진리

# 내 확신이 아닌 주를 향한 믿음으로

너희는 마음에 근심하지 말라 하나님을 믿으니 또 나를 믿으라_요 14:1

하나님은 우리의 믿음을 기뻐하십니다. 우리의 믿음은 지극히 평범한 일상에서 나타나는데, 염려를 멈추고 하나님을 영화롭게 하는 한 가지 일에 집중할 때에 더욱 강해집니다. 그리고 그 믿음은 하나님의 기쁨이 됩니다.

독수리 같이 날아오르는 힘찬 삶은 우리가 무엇을 할 수 있다는 확신에 있지 않고, 하나님께서 약속을 반드시 이루신다는 믿음에 있습니다.

> "그들이 믿지 않음으로 말미암아 거기서 많은 능력을 행하지 아니하시니라"(마 13:58).

만약 당신이 하나님께서 말씀하신 모든 것을 믿고 순종해 왔다면, 지금 어떻게 변해 있을까요? 주님은 약속을 반드시 지키시는 분입니다. 주의 약속이 이루어지도록 당신의 삶을 주께 온전히 의탁하십시오.

# 믿는 마음과 사랑

제자들의 마음을 굳게 하여 이 믿음에 머물러 있으라 권하고
또 우리가 하나님의 나라에 들어가려면
많은 환난을 겪어야 할 것이라 하고_행 14:22

문제가 해결될 것이라고 믿는 믿음은 하나님을 믿는 참 믿음이 아닙니다. 참된 믿음이란, 문제와 상관없이 '하나님은 사랑이시다'라고 확신하는 것입니다.

그런데 이러한 확신은 종종 불같은 시련을 통해서만 배울 수 있습니다. 우리는 왜 아브라함을 믿음의 조상이라고 부릅니까? 그는 하나님을 위해서라면 무엇이든 할 준비가 되어 있었기 때문입니다.

믿는 모든 것을 실질적으로 누리려면 반드시 연단의 과정을 거쳐야 합니다. 그러나 믿는 마음은 하나님의 사랑으로 타오르기에 아무것도 두려워하지 않습니다.

오스왈드 챔버스 기독교의 진리

2장
# 진리

자기 생각에만 빠져 있으면
결코 진리를 깨달을 수 없습니다.
모든 진리는 하나, 예수 그리스도입니다.

# 진리에 대한 오류

주의 빛과 주의 진리를 보내시어 나를 인도하시고
주의 거룩한 산과 주께서 계시는 곳에 이르게 하소서_시 43:3

자신이 아는 약간의 진리를 최고의 자리에 둔 후, 그것으로 다른 이들을 판단하고 공격하고 있진 않습니까? 기억하십시오. 성도의 진정한 모습은 겸손입니다.

진리를 깨닫고 분별하는 것은 뛰어난 머리가 아니라 깨끗하고 거룩한 마음입니다. 진리는 시스템도, 기관도 아니며 심지어 신조도 아닙니다. 진리는 예수 그리스도 한 분뿐이십니다.

자기 생각에 갇혀 있는 사람은 결코 진리를 깨달을 수 없습니다. 모든 진리는 오직 하나의 진리이며 그 하나의 진리는 예수 그리스도입니다. 따라서 예수 그리스도가 없는 모든 진리는 오류가 있습니다.

오스왈드 챔버스 기독교의 진리

# 절대적인 진리

예수께서 이르시되 내가 곧 길이요 진리요 생명이니
나로 말미암지 않고는 아버지께로 올 자가 없느니라_요 14:6

'진술'과 '진리' 그리고 '정직'과 '솔직'을 헷갈려 하지 마십시오. 일어난 사건에 대한 묘사는 '진술'이지만 변치 않는 영원한 것은 '진리'입니다. 진실에서 나오는 것은 '정직'이지만 철들지 않은 어린아이에게서 나오는 것은 '솔직'입니다.

성경은 예수 그리스도와 영원하신 하나님만이 진리라고 선언합니다. 곧, 진리는 인격입니다.

"내가 곧 … 진리요"(요 14:6).

진리는 구원도, 성화도, 재림도 아닙니다. 오직 예수 그리스도 한 분뿐이십니다. 우리가 예수 그리스도가 아닌 기독교 교리에만 충실하다면, 이는 큰 망치로 머릿속에 '개념'을 박는 것과 같습니다. 그러나 예수 그리스도를 인격적으로 따르면, 주장하는 자세와 독단적인 모습은 사라지고 오직 예수님께만 집중하게 될 것입니다.

# 비전과 진리

아그립바 왕이여 그러므로 하늘에서 보이신 것을
내가 거스르지 아니하고_행 26:19

주께서 비전을 보여 주셨다면 그것을 당신 자신의 것으로 만드십시오. 그리고 그 비전과 관련된 진리 속으로 계속 빠져 드십시오. 잠이 들 때도 그것을 생각하고, 아침에 일어날 때도 그렇게 하십시오. 당신의 모든 생각과 삶을 그 비전과 연관시키십시오. 그 비전이 주께로 온 것이라면, 당신은 점차 그와 관련된 특별한 사람으로 변화될 것입니다.

하나님의 진리를 전할 때, 모두가 그 말을 인정할 것이라고 기대하지 마십시오. 사람들은 자신이 알지 못하고 체험하지 못하는 진리에 대해서는 "동의할 수 없어"라고 말하기 때문입니다. 이때 그들과 논쟁하지 마십시오. 그들 스스로 자신들의 오류를 수정할 때까지 충분한 시간을 주고 기다리십시오.

오스왈드 챔버스 기독교의 진리

# 진리는 영적입니다

항상 배우나 끝내 진리의 지식에 이를 수 없느니라_딤후 3:7

지식은 마치 진리가 말로 설명될 수 있는 것인 양 "진리란 무엇인가?"라고 묻습니다. 하지만 예수님은 "내가 곧 진리"라고 말씀하십니다. 즉, 진리에 닿는 유일한 길은 예수 그리스도 한 분뿐입니다. 그러므로 예수님을 지식적, 논리적으로 알려고 애쓰지 마십시오. 진리의 길은 예수님께 순종할 때 환하게 보입니다.

진리는 지적이지 않고 영적입니다. 세상 사람들은 기독교의 진리를 머리로 이해하려 애쓰지만, 이는 마치 태어나지도 않은 사람이 어떻게 살아가야 할지를 고민하는 것과 같습니다. 성도는 이러한 모순을 잘 알고 있습니다. 그러나 안타깝게도 여전히 많은 사람들이 거듭나려 하기보다 논리적으로 따지려 합니다.

당신의 머릿속에 있는 어떠한 개념을 진리라고 믿고 있진 않습니까? 예수님께서 말씀하신 '진리'가 무엇인지 기억하십시오.

# 진리는 원칙이 아닙니다

진리를 알지니 진리가 너희를 자유롭게 하리라_요 8:32

진리는 어떤 체계, 헌법, 교리가 아니라 오직 '예수 그리스도'입니다. 그런데 우리는 진리를 논리적인 진술이나 원칙으로 만들려는 경향이 강합니다. 하지만 기독교에는 원칙이 없습니다. 기독교는 성도들이 삶 속에서 진리이신 예수님을 인격적으로 의식하는 것입니다. 영적 혼동은 주님의 말씀으로부터 어떤 기준을 만들어 놓고, 그 기준대로 살려고 할 때 나타납니다.

당신은 예수님이 진리를 선포하시는 분이 아니라 진리 그 자체이심을 믿습니까? 예수님이 복음전도자가 아닌 복음 그 자체이심을 믿습니까? 그렇다면 유일한 진리이신 예수 그리스도를 세상 가운데 드러내십시오.

그리스도 안에 거하십시오. 원칙에 따라 사는 당신의 삶에 자유를 줄 것입니다.

오스왈드 챔버스 기독교의 진리

# 진리는 듣는 마음자세

하나님은 모든 사람이 구원을 받으며
진리를 아는 데에 이르기를 원하시느니라_딤전 2:4

누군가가 "나는 믿을 수 없어"라고 말할 때, 그의 불신을 책망하지 마십시오. 대신 그가 무엇을 믿는지 물어본 후, 그 지점부터 대화를 다시 시작하십시오. 불신앙은 죄에서 비롯되지만 기질로 인해 생길 때도 종종 있기 때문입니다.

누군가는 훌륭한 인격의 소유자를 믿습니다. 그렇다면 예수 그리스도의 아름다운 성품을 전한 뒤, 진리를 전하십시오. 이때 누가복음 11장 13절, 요한복음 3장 16절 말씀을 함께 전하면 좋습니다. 모두 전했다면 이제 그가 그 말씀을 잠잠히 묵상하도록 하십시오.

하나님은 그분의 진리를 우리 귀에 천둥처럼 울려 주지 않으십니다. 그러므로 진리를 받아들이려는 마음자세가 중요합니다. 그 이유는 저마다 다른 편견과 선입견을 가지고 있기 때문입니다. 이것들은 진리를 받아들이는데 큰 방해가 됩니다.

# 진리를 사랑하십시오

내가 아버지께로부터 너희에게 보낼 보혜사 곧 아버지께로부터 나오시는 진리의 성령이 오실 때에 그가 나를 증언하실 것이요_요 15:26

예수님은 누구에게든지 자신의 형상을 창조할 수 있으십니다. 당신은 이 사실을 믿습니까?

> "그런즉 누구든지 그리스도 안에 있으면 새로운 피조물이라 이전 것은 지나갔으니 보라 새것이 되었도다"(고후 5:17).

안타깝게도 많은 성도들이 이 말씀의 진정한 의미를 깨닫지 못합니다. 왜냐하면 이 놀라운 말씀을 계시해주시도록 성령님께 구하지 않기 때문입니다. 그들은 삶 가운데 기도와 감사드릴 시간을 결코 허락하지 않습니다.

진리를 알려면 온 마음과 뜻을 다해 진리를 사랑해야 합니다. 그러면 어둠에 놓여 있던 모든 것이 빛 안에서 기쁘게 깨달아질 것입니다.

3장
# 순종

●

신앙생활을 점검하는
최고의 방법은
황홀함이 아니라 '순종'입니다.

# 순종과 불순종의 차이

나의 간절한 기대와 소망을 따라 아무 일에든지 부끄러워하지
아니하고 지금도 전과 같이 온전히 담대하여 살든지 죽든지
내 몸에서 그리스도가 존귀하게 되게 하려 하나니_빌 1:20

하나님의 영이 있는 사람은 주님께 순종하기를 기뻐합니다. 그러나 그렇지 않은 사람은 자신이 하나님께 반역한다는 사실조차 모른 채 죄 가운데 살아갑니다.

불신앙은 자기중심적입니다. 그 증상은 초조, 염려, 의심, 짜증 등으로 나타나곤 합니다. 그러나 믿음은 이 모든 현상을 물리치고 하나님만 역사하시도록 합니다. 순종을 다짐하고 나아갈 때, 마음에 하늘의 평강이 임합니다. 불순종 후에 평강을 누리는 일은 결코 없습니다. 주님의 뜻이 분명해질 때마다 마음의 짐은 사라지게 됩니다.

온 마음을 다해 순종하기를 원한다면, 주님은 반드시 당신을 도와주실 것입니다.

오스왈드 챔버스 기독교의 진리

# 불순종을 합리화 할 때

> 우리가 저 안식에 들어가기를 힘쓸지니 이는 누구든지
> 저 순종하지 아니하는 본에 빠지지 않게 하려 함이라 _ 히 4:11

만약 당신이 불순종을 합리화하고 있다면, 이는 당신이 영적으로 병든 상태에 있다는 것을 말해줍니다. 즉, 하나님의 뜻을 알면서도 "이번에는 하나님이 넘어가 주실 거야", "내 경우는 괜찮을 거야"라고 자신을 설득한다면, 당신은 영적 위선에 빠져 하나님과 멀어지게 될 것입니다.

"너희 속에 그리스도의 형상을 이루기까지"(갈 4:19).

위의 말씀을 읽을 때, 책임감이 느껴집니까? 당신은 주님이 당신을 통해 드러나기를 원합니까, 아니면 여전히 "순종하지 않을 테야"라고 말하고 있습니까? 주께 순종하지 않는 것은 그분을 향해 주먹질을 하는 것과 같습니다.

하나님은 언젠가 당신의 불순종을 곪아 터지게 하실 것입니다. 당신의 수고가 모두 헛것이 되고 있다면, 삶을 한번 돌아보십시오. 하나님은 당신이 고집을 부리며 불순종하는 것을 결코 용납하지 않으십니다.

# 나 자신에 대한 권리

그 둘째가 아버지에게 말하되 아버지여 재산 중에서
내게 돌아올 분깃을 내게 주소서 하는지라_눅 15:12

'자기 자신에 대한 권리 주장'은 부패한 인간에게 매우 자연스러운 것입니다. 심지어 멋진 것으로 여겨지기도 합니다. 그러나 그것은 예수 그리스도께서 내 안에 들어오시는 것을 가로막는 것입니다.

나 자신에 대한 권리를 주장하는 것은 단지 어떤 의견을 내세운다는 것을 의미하는 것이 아닙니다. 언제나 내 방식대로 해야만 직성이 풀리는 성향을 가리킵니다. 자유란, 하나님의 권리를 인정하는 가운데 내 권리를 주장하지 않는 능력을 가리킵니다. 당신 자신의 개념에 하나님의 말씀을 '두들겨' 맞추지 마십시오. 오직 순종하기 위해 믿으십시오.

하나님의 부르심은 우리가 순종할 때 비로소 그 뜻이 분명해집니다. 하나님이 부르실 때 따지는 사람은 그분의 뜻을 결코 찾을 수 없습니다.

오스왈드 챔버스 기독교의 진리

# 사랑으로 자원하십시오

> 너희 중에 있는 하나님의 양 무리를 치되 억지로 하지 말고
> 하나님의 뜻을 따라 자원함으로 하며
> 더러운 이득을 위하여 하지 말고 기꺼이 하며_벧전 5:2

하나님은 결코 순종을 강요하지 않으십니다. 우리가 주를 사랑함으로써 자원하여 순종하기를 원하십니다. 만약 당신이 주님을 사랑한다면 주저 없이 하나님께서 원하시는 것을 행할 것입니다. 그러나 주님보다 더 사랑하는 우상이 있다면 순종하기를 꺼려할 것입니다.

신앙은 믿으려는 의지와 순종하려는 의지를 모두 포함합니다. 합리적이기 때문에 순종하는 것이 아니라 하나님의 말씀이기 때문에 온 맘을 다해 믿고 순종하는 것이 신앙입니다. 신앙은 나 자신과 내가 행한 일들을 확신하는 것이 아닌 오직 하나님만을 확신하는 것입니다.

당신은 앞으로 믿음이 생기면 하나님께 순종하겠다고 말하고 있습니까, 아니면 하나님께 즉시 순종함으로써 당신의 믿음을 성장시키고 있습니까?

# 믿음으로 순종하십시오

나는 너희가 아무 다른 마음을 품지 아니할 줄을 주 안에서 확신하노라 그러나 너희를 요동하게 하는 자는 누구든지 심판을 받으리라_ 갈 5:10

하나님의 말씀이 떠오르면 아무것도 계산하지 말고 염려하지 말고 바로 순종하십시오.

> "오늘 있다가 내일 아궁이에 던져지는 들풀도 하나님이 이렇게 입히시거든 하물며 너희일까 보냐 믿음이 작은 자들아"(마 6:30).

예수님은 우리가 하나님께 순종하면, 우리 삶의 모든 것을 돌봐주겠다고 말씀하십니다. 그런데 왜 당신 삶은 예수님이 거짓말하시는 것처럼 살아갑니까?

만약 당신이 하나님의 은혜를 경험하고 있지 못하다면, 이는 불순종하고 있기 때문입니다. 믿음으로 순종하지 않으면, 복잡한 고민에 사로잡히게 될 것입니다.

오스왈드 챔버스 기독교의 진리

# 주의 마음에 합한 성도

> 그 후에 제자들에게 이르시되 유대로 다시 가자 하시니
> 제자들이 말하되 랍비여 방금도 유대인들이 돌로 치려 하였는데
> 또 그리로 가시려 하나이까_요 11:7-8

복 받기 위해서가 아닌 하나님과의 바른 관계를 위하여 순종하십시오. 순종은 그리스도 안에서 하나님을 믿음으로써 오는 결과입니다.

순종하려 할 때 갈등이 생긴다면, 바로 그때가 어떠한 희생을 치르더라도 순종해야 할 때입니다. 하늘의 비전에 불순종하지 마십시오. 당신의 삶에는 오직 하나의 목적이 있습니다. 그것은 예수 그리스도의 마음에 합한 성도로 세워지는 것입니다.

무조건 하나님께 순종하십시오. 결과는 주께 맡기십시오. 순종할 때는 언제나 결단과 용기가 필요합니다. 성도의 성공은 어느 상황에서든지 하나님께 순종하는 충성의 단계에 이르는 것입니다.

4장
# 기도

●
오늘날 많은 사람들이 기도를
종교적 행위로 바꾸어 버리고 있습니다.
그러나 기도는 하나님과 인격적으로
나누는 대화입니다.

# 내 말이 너희 안에 거하면

> 믿음의 기도는 병든 자를 구원하리니 주께서 그를 일으키시리라
> 혹시 죄를 범하였을지라도 사하심을 받으리라_ 약 5:15

기도는 명상이 아닙니다. 마음과 뜻을 진정으로 담지 않은 입술의 간구는 영적으로 부패한 심령의 간구입니다. 예수님께서는 "너희가 뜻하는 대로 구하라"고 말씀하십니다.

> "너희가 내 안에 거하고 내 말이 너희 안에 거하면 무엇이든지 원하는('뜻하는') 대로 구하라 그리하면 이루리라"(요 15:7).

어둠의 권세는 그리스도를 의지하는 기도의 능력으로 마비됩니다. 그래서 사탄은 우리가 기도하지 못하도록 우리 마음을 번잡하게 만듭니다.

기도는 성도들로 하여금 쓰러지지 않고 전진해나갈 수 있는 능력을 줍니다.

# 왜 기도하지 않는가

나는 너희를 위하여 기도하기를 쉬는 죄를
여호와 앞에 결단코 범하지 아니하고_삼상 12:23

우리가 기도하지 않는 이유는 예수님의 능력과 말씀을 믿지 않기 때문입니다. 또한 교만이나 영적 안일함에 빠질 때도 기도하지 않습니다.

우리는 '노동'을 싫어합니다. 논쟁하는 것이나 남을 가르치는 일은 좋아하지만 '기도의 노동'은 싫어합니다. 노동자가 하는 일은 사람들에게 인기를 얻지 못합니다. 그러나 천재의 생각을 실제로 구현시키는 사람은 노동자입니다. 이처럼 주님의 생각을 구현하는 자는 기도라는 노동을 하는 성도입니다.

삶 가운데 하나님을 첫째로 두는 성도는 기도할 시간을 쉽게 갖습니다. 기도할 시간이 없다고 핑계대지 않습니다.

오스왈드 챔버스 기독교의 진리

# 은밀한 장소로 들어가십시오

> 너는 기도할 때에 네 골방에 들어가 문을 닫고
> 은밀한 중에 계신 네 아버지께 기도하라 은밀한 중에 보시는
> 네 아버지께서 갚으시리라_마 6:6

'기도하는 사람'으로 알려지기 위해 기도하지 마십시오. 오직 하늘의 아버지만이 당신의 기도를 들으실 수 있도록 하십시오.

"기도는 이렇게 하는 거야" 하면서 설명만 늘어놓지 말고, 조용히 주 앞에 나아가 엎드려 기도하십시오. 예수님은 "은밀한 중에 계신 네 아버지께 기도하라"(마 6:6)고 말씀하셨습니다.

은밀한 장소로 들어가 문을 닫고 기도하는 것은 결코 쉽지 않습니다. '골방 기도'에 있어서 가장 큰 싸움은 흐트러진 마음을 모아 주께 기도하는 것입니다.

# 기도를 위한 노력

나의 영혼아 잠잠히 하나님만 바라라 대저
나의 소망이 저로 좇아 나는도다_시 62:5-6

'관심'은 자연스럽게 생기지만, '집중'은 노력에 의해서만 가능해집니다. 성도의 삶에 가장 필요한 것 중 하나가 온 맘을 다해 하나님께 집중하는 것입니다. 이것이 기도의 진정한 의미입니다.

기도할 때는 의지와 노력이 필요합니다. 기도할 때 집중하지 못하게 만드는 모든 것을 내려놓으십시오. 마음을 주께 집중하고 그분 앞에 잠잠하십시오.

"나의 영혼아 잠잠히 하나님만 바라라"(시 62:5).

오스왈드 챔버스 기독교의 진리

# 기도가 무기가 될 때

만일 우리가 보지 못하는 것을 바라면 참음으로 기다릴지니라_롬 8:25

당신이 기도한 대로 다 이뤄질 것이라고 여깁니까? 그것은 대단히 어리석은 생각입니다. 기도는 가난한 심령에 대한 하나님의 응답이지, 내가 원하는 것을 얻기 위해 그분을 향해 휘두르는 위협적인 무기가 아닙니다. 하나님은 능력을 과시하시기 위해 기도에 응답하는 분이 아닙니다.

"하나님은 내 기도에 반드시 응답하셔야 해!" 하고 주장할 때마다 당신은 탈선하게 됩니다. 그 이유는 기도의 의미가 기도 응답에 있지 않고, 하나님을 붙드는 데 있기 때문입니다. 내 기도는 반드시 응답받아야 한다는 믿음은 결국 당신을 하나님으로부터 멀어지게 만들 것입니다.

기도에 대한 대부분의 응답들은 보이지 않는 영역에서 주어진다는 것을 기억하십시오. 그리고 기도는 상황을 바꾸기보다 기도하는 사람을 바꾼다는 것을 기억하십시오.

# 기도하는 이유

모든 기도와 간구를 하되 항상 성령 안에서 기도하고
이를 위하여 깨어 구하기를 항상 힘쓰며_ 엡 6:18

기도의 핵심은 기도 응답에 마음을 빼앗기는 것이 아니라 주 예수 그리스도를 붙드는 것입니다. 이 땅에서 아무리 거룩한 성도의 기도라 할지라도 그 기도가 응답되는 유일한 근거는 '예수 그리스도의 보혈' 하나뿐입니다.

기도하는 이유는 기도 응답을 위해서가 아닌 기도하라는 하나님의 명령에 순종하기 위함입니다.

하나님께서 당신의 기도에 응답해주셨습니까? 그렇다면 그 내용을 떠벌리기보다 응답하신 하나님을 높이도록 하십시오. 그 이유는 기도의 의미는 기도 응답에 있지 않고, 하나님을 붙드는 데 있기 때문입니다.

오스왈드 챔버스 기독교의 진리

# 가장 좋은 것을 주시는 분

> 그러므로 각처에서 남자들이 분노와 다툼이 없이 거룩한 손을 들어 기도하기를 원하노라_딤전 2:8

기도에 대한 바른 자세는 하나님께서 그분의 때에 그분의 뜻대로 내게 가장 좋은 것을 주실 줄 믿고 아뢰는 것입니다. 당신이 처한 모든 상황 가운데, 언제나 하나님만을 위하는 동기를 고집하십시오. 그러면 기도할 때마다 당신의 시야가 넓어지고 성향과 세계관이 바뀌게 될 것입니다.

성령 안에서 기도하면 하나님의 풍성하심을 깨닫게 됩니다. 하나님은 완전하신 하늘 아버지이시며 우리는 그분의 자녀입니다.

모든 상황 가운데 수시로 기도하는 습관을 만드십시오. 이것은 성도라면 마땅한 것입니다.

# 도고기도의 열매

누구든지 형제가 사망에 이르지 아니하는 죄 범하는 것을 보거든
구하라 그리하면 사망에 이르지 아니하는 범죄자들을 위하여
그에게 생명을 주시리라_요일 5:16

한 영혼의 구원을 위해 기도드릴 때, 반드시 응답되리라는 확신을 가지고 기도하십시오. 골방에서 홀로 드리는 이러한 기도에는 함정이나 교만에 빠질 위험이 없습니다. 도고기도는 열매가 풍성히 맺히는 보이지 않는 사역입니다.

이기적인 자아로부터 벗어나는 방법은 누군가를 향한 하나님의 마음과 내 마음이 일치될 때에 가능해집니다. 도고기도를 통해 하나님께 가까이 나아갈수록 당신은 자신의 무가치함을 더욱 깨닫게 되고, 성령님의 역사하심에 동참하게 될 것입니다.

오스왈드 챔버스 기독교의 진리

5장

# 죄

예수님이 다시 오실 때
각자가 행한 대로 심판받을 것입니다.
그래서 우리는 주님을 만나기 원하면서
동시에 두려워합니다.

**죄의 본질**
우리는 죄성을 책망 받을 때 비로소 그리스도 안에 나타난 우리를
향한 하나님의 사랑의 깊이를 깨닫게 됩니다.

징계
회개

# 누구 편에 설 것인가?

간음한 여인들아 세상과 벗된 것이 하나님과 원수 됨을 알지 못하느냐
그런즉 누구든지 세상과 벗이 되고자 하는 자는 스스로 하나님과
원수 되는 것이니라_약 4:4

죄의 근원은 사탄에게 있습니다. 인간이 죄를 짓는 것은 하나님께 불순종하는 것이고, 사탄의 편에 서는 것입니다. 따라서 죄를 범하는 순간, 하나님과의 관계는 차단됩니다.

당신이 어떤 세력의 지배를 당하고 있다면, 그것은 당신이 그 세력에게 항복했기 때문입니다. 따라서 당신이 어떤 세력의 지배를 당하느냐는 결국 당신의 책임입니다. 당신이 죄의 노예가 되어 있다면, 이는 과거 어느 때에 당신이 죄에게 항복을 했기 때문입니다. 따라서 이 또한 당신의 책임입니다. 반대로 당신이 하나님께 순종하면, 이는 당신 스스로 하나님께 항복한 것이기에 하나님께서 다스려 주십니다.

지금 당신은 어느 편에 서 있습니까? 누구에게 항복하고 있습니까?

오스왈드 챔버스 기독교의 진리

# 악한 생각까지도

사람의 마음에서 나오는 것은 악한 생각 … 이니 이 모든 악한 것이
다 속에서 나와서 사람을 더럽게 하느니라_막 7:21-23

인간이 민감하게 느끼는 주된 세 가지는 성(sex), 돈(money), 음식(food)입니다. 이것들은 원래 악한 것이 아니지만, 한 인간의 성향에 따라 나쁜 것이 될 수도, 고상한 것이 될 수도 있습니다.

도둑질, 살인, 음행 등을 범하지 않았을지라도 예수님은 그것들을 생각한 것만으로도 악하다고 말씀하십니다. 이는 하나님께서 미워하시는 것이 그런 악한 성향이기 때문입니다. 이러한 성향을 근본적으로 죽이지 않는다면 마침내 그것은 우리 삶에 저주가 될 것입니다.

하나님의 전신갑주를 입고 계속 훈련하십시오. 그러면 당신은 사탄의 궤계에 속지 않을 것입니다.

# 죄를 이기는 삶

목이 곧고 마음과 귀에 할례를 받지 못한 사람들아
너희도 너희 조상과 같이 항상 성령을 거스르는도다_행 7:51

그리스도의 사랑은 인생을 가치 있게 만들지만, 죄는 인생을 저주 가운데 빠트립니다.

거룩한 인간은 죄를 의식하지 못하는 인간이 아니라 오히려 죄를 가장 많이 의식하는 인간입니다. 그러기에 우리는 은혜 가운데 영적으로 성장할수록 죄에 대해 예민해질 수밖에 없습니다. 성령님은 우리가 예수 그리스도의 생명으로 살아갈 수 있도록, 그리고 죄를 이기도록 도와주십니다. 하나님과 거리를 두지 말고 그분을 가까이하며 그분 안에서 즐거워하십시오.

언제나 "주님, 말씀하소서"라고 말하는 습관을 가지십시오. 그러면 당신의 인생은 사랑의 연주곡이 될 것입니다.

오스왈드 챔버스 기독교의 진리

죄의 본질

**징계**

하나님의 징계는 우리에게 상처를 남기고 그 상처는 우리를 더욱 겸손하게 만듭니다. 하나님의 징계, 그것은 우리를 향한 사랑의 증거입니다.

회개

# 정죄 받는 이유

그 정죄는 이것이니 곧 빛이 세상에 왔으되 사람들이 자기 행위가
악하므로 빛보다 어둠을 더 사랑한 것이니라_요 3:19

예수 그리스도는 누군가를 향해 "당신은 죄인이기에 정죄 받을 것이다"라고 말씀하신 적이 없습니다. 우리가 정죄 받는 이유는 그분이 원하시는 것을 알면서도 그 일을 허락하지 않고 거절하는 데 있습니다.

> "악을 행하는 자마다 빛을 미워하여 빛으로 오지 아니하나니 이는 그 행위가 드러날까 함이요 진리를 따르는 자는 빛으로 오나니 이는 그 행위가 하나님 안에서 행한 것임을 나타내려 함이라 하시니라"(요 3:20-21).

하나님은 우리가 빛을 사랑하지 않은 것에 대한 책임을 반드시 물으실 것입니다. 우리는 우리 내면의 빛에 의해 심판 받는 것이 아니라 우리가 거절한 '참 빛'에 의해 심판 받을 것입니다.

# 하나님의 사랑과 진노

> 너는 사람이 그 아들을 징계함 같이 네 하나님 여호와께서
> 너를 징계하시는 줄 마음에 생각하고_신 8:5

하나님은 우리 속에 있는 단 하나의 죄도 간과하지 않으십니다. 만약 티끌만한 죄라도 허용하신다면 그분은 하나님이실 수 없습니다. 하나님은 죄를 반드시 다루십니다. 그런데 사람들은 죄에 눈이 멀어 그분의 사랑을 아주 이상하게 오해합니다.

하나님의 사랑과 진노는 동전의 양면과 같습니다. 하나님의 진노는 사랑의 적극적인 표현으로써 '죄와 함께 할 수 없다'는 선언입니다. 하나님은 이 세상을 사랑하시기에 이 세상 속에 있는 죄를 미워하십니다.

하나님은 죄를 소멸하시기 위해 예수 그리스도를 이 땅에 보내신 분입니다.

죄의 본질

징계

**회개**

속죄란, 하나님은 죄인을 용서하시는 분이니 맘껏 죄를 짓도록 허락하는 것을 의미하지 않습니다. 하나님은 속죄를 통해 죄인을 구원하셔서 '성자'로 만드십니다.

# 참된 회개

주께서 말씀하실 때에 의로우시다 하고
주께서 심판하실 때에 순전하시다 하리이다_시 51:4

회개란, 내가 누구인지를 하나님의 관점으로 정확하게 평가하는 것입니다. 그러면 지옥 불에 합당한 가장 흉측한 죄인이 바로 나 자신임을 발견하게 될 것입니다. 이때 가난한 심령으로 손을 뻗어 십자가의 구속을 붙들고, 그리스도 안에서 하나님께 나아가십시오. 그것이 복음이 말하는 회개입니다.

자신의 죄에 대한 죄책감을 갖고 영적으로 깨어 있어야만 우리는 "아직 죄인 되었을 때에"(롬 5:8) 우리를 사랑하신 하나님의 위대한 사랑을 깨달을 수 있습니다.

참된 회개는 완전히 새로운 성향을 받는 것을 포함하기에 다시는 같은 죄악을 범하지 않게 해줍니다.

# 속죄함을 받으십시오

예수께서 여자에게 이르시되 네 믿음이 너를 구원하였으니
평안히 가라 하시니라_눅 7:50

당신은 어떠한 권리로 "왕 같은 제사장"(벧전 2:9)이 되었습니까? 바로 속죄의 권리에 의해 가능해졌습니다.

어느 누가 죄에 대한 관점을 예수님보다 더 엄격하게 가질 수 있겠습니까? 어느 누가 악한 자를 예수님보다 더 사랑하고 인내할 수 있겠습니까?

속죄는 우리로 하여금 두려움과 불신을 물리치고, 다시 믿음 안에서 하나님과 사랑의 관계로 돌아오게 해줍니다.

오스왈드 챔버스 기독교의 진리

## "기억하지 아니하리라"

내가 네 허물을 빽빽한 구름 같이, 네 죄를 안개 같이 없이하였으니
너는 내게로 돌아오라 내가 너를 구속하였음이니라_사 44:22

주님의 용서하심으로 인해 '한 번 걷힌 구름'은 다시 나타나지 않습니다. 하나님의 은혜의 기적이 바로 이것입니다. 십자가 앞에서 죄 사함을 받으십시오. 당신의 '죄악 문서'가 십자가에 못 박혀 사라질 것입니다.

"나 곧 나는 나를 위하여 네 허물을 도말하는 자니 네 죄를 기억하지 아니하리라"(사 43:25).

우리의 죄악에 대한 하나님의 '망각'은 그분의 속성이지만, 우리의 망각은 엄청난 흠이 됩니다. 그래서 하나님은 우리 죄악에 대해 말씀하실 때, 인간의 망각에 비유하시기보다 주께서 친히 지으신 자연에 비유하십니다.

"동이 서에서 먼 것 같이 우리의 죄과를 우리에게서 멀리 옮기셨으며"(시 103:12).

오스왈드 챔버스 기독교의 진리

PART 04

# 우리는 왜
# 성장하지 못하는가

야망이 이루어지고 사랑을 얻고 돈이 있어도
여전히 뭔가 부족한 느낌이 들지 않습니까?

1장

# 오늘날 기독교의 비극

●

기독교의 비극은 대부분의 성도들이
구원을 값싸게 여긴다는 사실입니다.

# 회색지대에 사는 성도

너희가 섬길 자를 오늘 택하라
오직 나와 내 집은 여호와를 섬기겠노라_ 수 24:15

많은 사람들이 하나님 없이도 행복감을 느낍니다. 그러나 이러한 종류의 행복과 평강은 잠깐 있다가 사라지는 안개 같은 것입니다.

세상의 사고와 풍습을 따르다 보면, 하나님의 뜻을 놓칠 수 있습니다. 당신 삶의 안정과 평화는 얼마나 문명사회를 의존하고 있습니까? 문명에 기대고 있는 안정과 평화를 의지하지 마십시오. 예수 그리스도의 구속에 기댄 안정과 평화만이 영원합니다.

중간이란 없습니다. 우리는 하나님의 자녀 아니면 사탄의 자녀입니다.

# 종교 장사꾼

그들에게 이르시되 기록된 바 내 집은 기도하는 집이 되리라 하였거늘 너희는 강도의 소굴을 만들었도다 하시니라_눅 19:46

세상에서 사업하는 것처럼 영혼을 장사하여 자기 실속을 채우는 '종교 장사꾼'들이 있습니다. 이런 거짓 선지자들을 주의하십시오.

영혼 구원의 열정이 성도의 숫자나 교회 확장을 위한 '복음적인 상업주의'를 위한 것이라면 당장 버리십시오. 하나님께서 성령의 불로 그 악한 열정을 태워주시기를 기도드립니다.

이제 우리는 사람의 방법으로 하는 엉터리 치료를 멈춰야 합니다. 이것이야말로 주의 자녀들을 파괴하는 것입니다.

# 거짓 선지자

미가야를 부르러 간 사신이 일러 이르되
선지자들의 말이 하나 같이 왕에게 길하게 하니 청하건대
당신의 말도 그들 중 한 사람의 말처럼 길하게 하소서_왕상 22:10

거짓 선지자들은 인간의 허망한 믿음을 부추기며 위로합니다. 그들은 자신들이 지어낸 예언을 합니다.

하나님의 진리를 받기 원한다면, 그리스도께 겸손히 당신의 마음과 생각을 드리십시오. 만약 당신이 자기주장과 편견에 빠져 있다면, 거짓 선지자의 음성을 듣고 따를 것입니다.

세련된 설교를 하는 매력적인 목회자들로부터 멀어지십시오. 그리스도의 십자가의 진리를 깨달으십시오. 그러면 성령님의 음성을 추구하게 됩니다.

# 영적 부패의 지름길

내가 보니 너는 악독이 가득하며 불의에 매인 바 되었도다_행 8:23

순종으로 이어지지 않는 모든 종교적 감상은 영적 부패로 빠지는 지름길입니다. 수많은 교회가 무너지는 이유는, 사역자들이 성도들을 하나님이 아닌 자신에게로 이끌기 때문입니다. 목회자들이여, 사람의 마음을 훔치지 않도록 주의하십시오. 만약 그렇다면 당신은 양을 훔치는 도둑일 뿐입니다.

사람의 마음과 눈을 어떤 현상이나 능력, 체험으로 이끄는 교사가 있다면, 그는 베드로가 마술사 시몬(행 8:23)에게 말한 엄중하고 맹렬한 꾸지람을 받기에 합당합니다.

오늘날 놀랍게도 많은 복음 전도자들이 복음의 근본을 놓치고 있습니다. 즉, 예수 그리스도와 그분의 십자가의 구속이 없으면, 결코 하나님의 용서와 구원, 자유가 주어질 수 없다는 사실을 말입니다.

오스왈드 챔버스 기독교의 진리

# 무엇을 증거하는가

하나님의 아들 예수 그리스도의 복음의 시작이라_막 1:1

"내 증인이 되리라"(행 1:8)는 말씀은 부활하신 예수님께서 승천하실 때에 하신 말씀입니다.

우리의 증거는 예수님께서 우리에게 이루신 일들과 예수님께서 무엇을 하실 수 있는가를 증거하는 것이 아닙니다. 어느 곳에 있든지 예수님의 마음을 가장 기쁘시게 하는 것이 바로 그분을 증거하는 것입니다.

오늘날 기독교의 위험은 예수 그리스도를 주인공으로 하지 않고 그분으로부터 점점 멀어지는 데 있습니다.

# 열매 없는 교리

나더러 주여 주여 하는 자마다 다 천국에 들어갈 것이 아니요 다만
하늘에 계신 내 아버지의 뜻대로 행하는 자라야 들어가리라_마 7:21

당신은 성경을 대할 때에 하나님의 말씀으로 대하고 있습니까, 아니면 당신의 주장을 뒷받침할 구절을 찾기 위해 뒤적거리고 있습니까? 안타깝게도 많은 사역자들이 단지 설교를 잘하기 위해 성경을 뒤적거리고 있습니다. 그래서 성도들이 하나님의 말씀이 살아 움직여 그들에게 말씀하시는 것을 막고 있습니다.

우리는 성도들이 하나님과의 인격적 관계를 맺도록 섬겨야 합니다. 만약 이러한 열매가 없는 신학과 교리라면 인간을 교만하게 만들 뿐입니다. 오늘날 영혼들을 예수 그리스도에게로 인도하는 사역자는 드물고, 그저 예수님에 대해 말장난하는 자들이 많은 것 같아 안타깝습니다.

성경의 인물들을 찾아보십시오. 자신의 약점 때문에 실패한 사람은 단 한 명도 없습니다. 오히려 강점 때문에 자만해져서 실패했습니다.

오스왈드 챔버스 기독교의 진리

2장
# 성도가 빠지기 쉬운 함정

●

오늘날 많은 사람들이
그리스도를 위해 수고하고 있습니다.
그러나 그분과 동행하지는 않습니다.

**신앙의 외식**
기도 응답을 받지 않았으면서 응답 받은 것처럼 행세하고 있진 않습니까?

<u>스스로 만드는 하나님상(像)</u>
<u>스스로 해석하는 하나님의 말씀</u>

## 종교적인 습관

그러므로 형제들아 우리가 예수의 피를 힘입어
성소에 들어갈 담력을 얻었나니_히 10:19

'기도하는 습관'과 '성경 읽는 습관'이 우상이 될 수 있습니다. 그렇게 되면 하나님은 그 시간을 방해하실 것입니다. 부디 그때에 "지금 난 하나님과 기도하는 중이니 방해하지 마!"라고 발끈하지 마십시오. 당신은 하나님과 함께 하고 있는 것이 아니라 당신의 습관과 함께 하고 있을 뿐입니다.

아무리 거룩한 습관이라도 그것을 그리스도의 십자가의 자리에 두지 마십시오. "내가 순종했으니 이것도 이뤄 주시고 저것도 이뤄 주세요"라고도 말하지 마십시오.

우리를 구원하시고 거룩하게 하시는 그리스도의 십자가를 통한 하나님의 은혜만을 사모하십시오.

오스왈드 챔버스 기독교의 진리

# 외식하는 신앙

이사야가 너희 외식하는 자에 대하여 잘 예언하였도다 기록하였으되
이 백성이 입술로는 나를 공경하되 마음은 내게서 멀도다_ 막 7:6

'내가 착한 일을 하고 있다'는 의식이 들 때, 바로 그때를 조심하십시오. 그 이유는 당신이 의식함으로써 그 일을 망칠 수 있기 때문입니다.

> "그러므로 구제할 때에 외식하는 자가 인간에게서 영광을 받으려고 회당과 거리에서 하는 것 같이 너희 앞에 나팔을 불지 말라 진실로 너희에게 이르노니 그들은 자기 상을 이미 받았느니라"(마 6:2).

하나님을 영화롭게 하는 삶이란, 성도의 삶의 과정이지 삶의 결과가 아닙니다. 오직 우리 자신을 하나님께 완전히 내어 맡길 때, 주님은 우리를 통해 일하기 시작하십니다.

# 성도의 잘못된 착각

주의 권능의 날에 주의 백성이 거룩한 옷을 입고 즐거이 헌신하니
새벽 이슬 같은 주의 청년들이 주께 나오는도다_시 110:3

"나는 이곳에 꼭 필요한 사람이야!"라고 착각하지 마십시오. 오직 "하나님께서 여기에 두셨으니 나는 이곳에 있습니다"라고 고백하십시오. 성도가 바라봐야 하는 것은 하나님이지 '자신의 유용성'이 아닙니다.

사람에게 영광을 구하지 마십시오. 오직 하나님께 인정받기를 힘쓰십시오. 당신의 인생을 정산하실 분은 오직 하나님뿐입니다. 오늘날 많은 성도들이 십자가로부터 오는 축복과 교리에 헌신하고 있습니다. 그러나 바울은 십자가에 못 박히신 예수 그리스도를 의지하고 그분께 헌신하라고 당부합니다.

"내 재능을 하나님께 드리겠다"는 감상에 빠져 있지 마십시오. 우리가 주께 드려야 하는 것은 재능이 아니라 변화된 삶입니다.

오스왈드 챔버스 기독교의 진리

신앙의 외식

### 스스로 만드는 하나님상(像)

죄악인 줄 알면서 그것을 행하려고 변명하는 기도, 혹은 영적 의무가 무엇인지 알면서 피하려고 핑계 대는 기도를 하지 마십시오. 그러한 기도는 가증합니다.

<u>스스로 해석하는</u> 하나님의 말씀

# 하나님보다 '복'을 원하는가

나를 존중히 여기는 자를 내가 존중히 여기고
나를 멸시하는 자를 내가 경멸하리라_삼상 2:30

인간적인 관점에서 하나님은 우리에게 고통을 주시면 안 됩니다. 그리고 언제나 평화만 주셔야 합니다. 만약 당신이 하나님의 자리를 그분이 주시는 복으로 대체한다면, 그 즉시 우상숭배자가 될 것입니다.

인간은 자신의 안락을 깨뜨릴 때 분노합니다. 그러나 예수님을 분노하게 만드는 것은 하나님을 대적하는 교만입니다.

당신이 예수 그리스도를 친근하게 느낀다고 해서 그분을 무시하고 무례히 행한다면, 하나님은 반드시 당신을 책망하실 것입니다.

오스왈드 챔버스 기독교의 진리

# 누구를 신뢰하는가

> 그런즉 심는 이나 물 주는 이는 아무것도 아니로되
> 오직 자라게 하시는 이는 하나님뿐이니라_고전 3:7

우리가 하나님의 지혜를 너무 모르는 까닭은, 자신의 이성에 따라 판단되고 자신이 할 수 있는 일에만 주님을 신뢰하기 때문입니다.

당신의 이성이 아닌 예수님께 충성하십시오. 당신의 주장을 내세우지 마십시오.

우리가 지켜야 할 것은 나 자신을 향한 신뢰가 아니라 하나님을 향한 신뢰입니다. 그런데 당신은 어떻습니까? 여전히 자기 자신을 신뢰하면서 자신의 의지를 의지하고 자신의 믿음을 믿고 있진 않습니까?

신앙의 외식
스스로 만드는 하나님상(像)

**스스로 해석하는 하나님의 말씀**
믿음은 개인의 신념 및 전통적인 관습을 포기하고, 매 순간 하나님과의 인격적인 교제를 통해 그분의 뜻을 따르는 것입니다.

# 누구의 뜻을 이루고 있는가

> 내가 아버지의 이름을 그들에게 알게 하였고 또 알게 하리니
> 이는 나를 사랑하신 사랑이 그들 안에 있고
> 나도 그들 안에 있게 하려 함이니이다_요 17:26

이 땅에서 예수님이 처했던 상황을 돌아보십시오. 우리가 바라는 이상과는 거리가 아주 멉니다. 예수님은 온갖 고난과 어려움을 겪으셨습니다.

성도의 삶도 마찬가지입니다. 우리는 내 목표와 내 뜻을 이루려 하기보다 내 안에 계신 하나님의 아들의 생명에 충성하기 위해 힘써야 합니다.

자신의 생각에 하나님의 말씀을 끼워 맞추지 않도록 주의하십시오. 그러면 정도(正道)에서 벗어나 사탄의 뜻을 따르게 될 것입니다.

# 누구와 씨름하고 있는가

하나님의 뜻은 이것이니 너희의 거룩함이라_살전 4:3

하나님을 신뢰하지 않고 세운 모든 계획은 헛것입니다. 그리고 머리로만 아는 말씀과 신학 지식은 우리를 정죄할 뿐입니다.

하나님은 우리가 그분의 뜻을 순종하기 전까지 주의 뜻을 알려 주지 않으십니다. 하나님의 복은 진리를 행할 때, 말씀에 순종할 때, 임하도록 되어 있습니다.

당신은 하나님과 대항하거나 씨름하는 자가 아닙니다. 그분 앞에서 여러 상황을 두고 씨름하는 자입니다. 하나님의 뜻을 알고 그 뜻에 따라 언제나 꿋꿋하게 서 계십시오.

오스왈드 챔버스 기독교의 진리

# 이렇게 말하지 마십시오

그러므로 형제들아 내가 하나님의 모든 자비하심으로 너희를 권하노니
너희 몸을 하나님이 기뻐하시는 거룩한 산 제물로 드리라
이는 너희가 드릴 영적 예배니라_롬 12:1

"하나님은 내가 그것마저 포기하기를 원하실 만큼 엄한 분은 아니실 거야"라고 말하지 마십시오. 하나님은 당신이 그것까지도 내려놓기를 원하십니다.

"하나님은 내가 완전하기를 바라진 않으실 거야"라고 말하지 마십시오. 하나님은 당신이 아무것도 감출 수 없는 빛 한가운데로 걷기를 원하십니다.

"하나님은 내가 모든 일을 통해 그분의 은혜를 길어 오길 원하진 않으실 거야"라고 말하지 마십시오. 하나님은 당신이 언제나 은혜 안에 거하기를 원하십니다.

# 자유인가, 방종인가

누구든지 나를 따라오려거든 자기를 부인하고
자기 십자가를 지고 나를 따를 것이니라_마 16:24

참 자유는 더 이상 죄에 얽매이지 않고 의를 행하는 능력 있는 삶을 의미합니다. 반면 방종은 여전히 옛 사람이 원하는 것을 행하고자 고집하는 삶을 의미합니다.

예수님께서 꾸짖지 않으시면, 우리 영혼은 자신의 잘못을 깨닫지 못합니다. 우리는 이성에 따른 양심으로 잘잘못을 따지지만, 주님은 단 한 가지를 따지십니다. 그것은 내가 자기주장을 따르느냐, 아니면 나를 부인하고 그리스도의 뜻을 따르느냐입니다.

자신이 원하는 대로만 하는 인간은 언제나 죄악으로 끝납니다. 하지만 하나님의 말씀대로 행하는 인간은 언제나 은혜 가운데 성장합니다.

오스왈드 챔버스 기독교의 진리

# 헛된 행복, 헛된 만족

그들의 날을 행복하게 지내다가 잠깐 사이에
스올에 내려가느니라_욥 21:13

성도의 목표는 하나님의 뜻을 순종함으로써 거룩해지는 것입니다. 결코 세상에서 성공해 부러움을 사는 사람이 되어서는 안 됩니다.

행복은 우리가 하나님과 바른 관계 안에 있다는 유일한 증거가 아닙니다. 우리가 만족을 느끼는 증거 중에 하나일 뿐입니다.

하나님 안에서 누리는 만족이 아니라면 주님은 그 만족을 반드시 깨뜨리실 것입니다.

3장

# 미혹에 빠지는 성도

●
하나님은 우리가 그분보다
그분이 주시는 복에 더 많은 관심을 가질 때
우리를 멀리하십니다.

**불평불만과 성공**
죄로 물든 이기적인 인간이 사랑의 하나님에게 원하는 것은 언제나 풍요와 평화만 주시는 것입니다.

사탄의 궤계
정욕

# 마음을 좀먹는 불만

범사에 감사하라
이것이 그리스도 예수 안에서 너희를 향하신
하나님의 뜻이니라_살전 5:18

불만은 하나님이 아닌 다른 것을 원할 때 생깁니다.

우리는 하나님이 내 기분을 좋게 해줄 만한 것을 주시길 원합니다. 그런데 그렇게 해주지 않으시면 못마땅해 하며 하나님을 멀리합니다.

좀벌레가 천천히 갉아먹어 마침내 기둥을 무너뜨리듯, 불만은 천천히 우리의 마음을 좀먹어 악하게 만듭니다. 그러나 우리가 하나님께로 돌아오면 혼돈은 질서로, 분노는 사랑으로, 근심은 평강으로 바뀔 것입니다.

# 세상을 향해 품은 소망들

너희 마음의 눈을 밝히사 그의 부르심의 소망이 무엇인지 알게 하시며
_엡 1:18

지금 당신의 마음이 세상의 소망으로 가득 차 있진 않습니까? 혹시 부르심의 소망이 점차 사그라지고 있진 않습니까? 마침내 당신은 예수 그리스도의 심판대 앞에 서게 될 것입니다. 그때 기쁨으로 환호성을 지르거나 비참함 가운데 후회하게 될 것입니다. 만약 당신이 원하는 것이 이 세상에서의 즐거운 시간들이라면, 예수님의 제자가 되지 마십시오.

> "그리스도로 말미암아 세상이 나를 대하여 십자가에 못 박히고 내가 또한 세상을 대하여 그러하니라"(갈 6:14).

당신의 관심이 다른 무언가에 사로잡혀 있다면, 당신에게 우상이 있다는 증거입니다. 그러면 하나님을 결코 만날 수 없습니다. 당신의 마음을 다른 어떤 것에도 빼앗기지 말고 지키십시오.

# 재물에 대한 욕심

> 네가 이 세대에서 부한 자들을 명하여 마음을 높이지 말고 정함이 없는 재물에 소망을 두지 말고 오직 우리에게 모든 것을 후히 주사 누리게 하시는 하나님께 두며_딤전 6:17

세상에서 형통할 때, 우리는 하나님을 잊기 쉽습니다. 재물에 대한 욕심은 우리를 영적으로 둔하게 만들기 때문입니다. 하나님이 폭풍을 일으키셔서 당신의 모든 소유를 날려 버리시기 전에 물질에 빼앗긴 마음을 주께로 돌이키십시오.

복을 쌓아 놓으면 오히려 재앙이 되어 쓰러지게 됩니다. 그러나 받은 복을 주를 위해 아낌없이 사용하면 새롭게 하는 능력이 더욱 크게 임할 것입니다.

성공을 향한 당신의 야망을 하나님의 뜻이라고 착각하지 마십시오. 하나님의 뜻은 그와 정반대일 때가 대부분입니다.

# 가난한 자의 핑계

한 달란트 받은 자는 가서 땅을 파고 그 주인의 돈을 감추어 두었더니
_마 25:18

재정이 넉넉할 때에 하나님을 신뢰하는 것은 쉽습니다. 그러나 파산 상태에서 하나님을 믿고 평강을 유지하는 것은 결코 쉽지 않습니다. 그러나 예수 그리스도는 우리에게 "내일 일을 위하여 염려하지 말라"(마 6:34)고 명령하셨습니다.

"내게 수억이 있다면 그 돈으로 이런저런 일을 하겠다"고 말하는 것은 쉽습니다. 하지만 실제 시험은 '지금 가진 재정을 어떻게 사용하고 있느냐'로 찾아옵니다.

부자가 천국에 들어가는 것은 매우 어렵습니다. 그리고 가난한 자가 그 무엇보다 하나님의 나라를 먼저 구하는 것도 매우 어렵습니다.

오스왈드 챔버스 기독교의 진리

불평불만과 성공

**사탄의 궤계**

죄에 대해 비난받아야 할 주범은 바로 자신 안에 있는 그릇된 성향입니다. 그런데 우리의 간교함이 자신을 비난해야 할 때에 "이건 모두 사탄 때문이야"라고 탓하며 자신을 속입니다.

정욕

# 사탄의 방법

두아디라에 남아 있어 이 교훈을 받지 아니하고
소위 사탄의 깊은 것을 알지 못하는 너희에게 말하노니
다른 짐으로 너희에게 지울 것은 없노라_계 2:24

하나님은 결코 우리를 억지로 따르게 하지 않으십니다. 우리를 협박하지도 않으시고, 갑작스러운 광명의 빛으로 쓰러지게 하지도 않으십니다. 하나님은 우리가 받아들일 수 있는 만큼만 그분의 계시를 보여 주십니다.

예수 그리스도의 호소력은 그분의 아름다운 성품과 진리입니다. 따라서 주님을 만난 사람은 "예수님이 옳으시다"라고 고백할 수밖에 없습니다. 주께는 미신적인 요소가 단 하나도 없습니다.

그러나 사탄의 초자연적인 능력은 인간의 양심이 아닌 미신에 호소함으로써 우리를 어리석게 만듭니다.

오스왈드 챔버스 기독교의 진리

# 미혹하는 사탄

사탄이 여호와께 대답하여 이르되
욥이 어찌 까닭 없이 하나님을 경외하리이까_욥 1:9

사탄이 조롱하는 신앙이 있습니다. 그것은 내가 원하는 것을 주시기 '때문에' 하나님을 사랑하는 신앙입니다.

사탄을 결코 과소평가하지 마십시오. 사탄의 유혹은 궁극적으로 하나님 대신 우리 자신이 인생의 주인이 되도록 만드는 것입니다. 사탄이 성도를 향해 쉬지 않고 던지는 미혹의 음성은 내 방법대로 하나님의 뜻을 이루라는 것입니다.

사탄이 우리의 생각을 공격할 수 있는 한, 우리 영혼 안에서의 하나님의 역사는 언제나 제한됩니다.

# 사탄을 대적하십시오

하나님은 미쁘사 너희가 감당하지 못할 시험 당함을
허락하지 아니하시고 시험 당할 즈음에 또한 피할 길을 내사
너희로 능히 감당하게 하시느니라_고후 10:13

사탄에게 자신을 내어 주면 사탄을 닮아가게 됩니다. 그러나 자신을 하나님께 드리면 은혜 가운데 자라나 그리스도를 닮아가게 됩니다.

하나님의 전신갑주를 입고 서 있으면, 사탄은 우리를 결코 해할 수 없습니다. 그런데 우리가 자기 힘으로만 싸우려 한다면, 곧바로 패배할 것입니다. 오직 하나님의 힘과 용기로 서서 사탄을 대적하십시오.

사탄이 무슨 악한 짓을 하더라도 그것은 결국 하나님의 목적을 이루는 데 사용됩니다. 하나님의 신실하심은 그 어떠한 사탄의 역사에도 흔들리지 않기 때문입니다.

오스왈드 챔버스 기독교의 진리

불평불만과 성공
사탄의 궤계

### 정욕
정욕은 우리를 충동시켜 인내하지 못하게 하고 결국 쉬운 것을 선택하게 만듭니다. 그러나 하나님의 사랑 안에 거하는 성도는 끝까지 참을 수 있습니다.

# 유혹에 대한 경계

네가 네 악을 의지하고 스스로 이르기를 나를 보는 자가 없다 하나니
네 지혜와 네 지식이 너를 유혹하였음이라 네 마음에 이르기를
나뿐이라 나 외에 다른 이가 없다 하였으므로_사 47:10

누군가가 유혹을 받아 쓰러진 곳이라면, 당신도 그 자리에서 쓰러질 수 있다는 것을 항상 염두에 두십시오.

엄청난 위기를 잘 이겨냈습니까? 그렇다면 이제는 가장 작은 유혹에 깨어 있으십시오. 성도의 무너짐은 아주 작은 유혹에서부터 시작되기 때문입니다. 유혹은 가장 위험해 보이지 않은 곳에서부터 옵니다.

믿음의 삶에서 가장 위험한 대상은 죄가 아니라 내가 좋아하는 차선입니다. 차선은 최선이신 하나님의 자리에 앉기 쉽기 때문입니다.

오스왈드 챔버스 기독교의 진리

# 영적 안일함

> 너희 안일한 여인들아 일어나 내 목소리를 들을지어다
> 너희 염려 없는 딸들아 내 말에 귀를 기울일지어다_사 32:9

대부분이 깊은 신앙체험을 하고 나면, 다시는 천박한 삶을 살게 되지 않으리라 생각하는데, 그것은 엄청난 착각입니다. 깊은 체험이 있을지라도 부르심을 망각하면, 천박함과 이기심이 다시금 불쑥 튀어나오기 때문입니다.

히스기야는 죽음까지 직면했다가 살아난 체험을 통해 담대한 믿음의 행보를 이어나갔습니다. 그러나 어느새 그는 안일함에 빠져 주를 망각하고 다시 이기적이고 수치스러운 상태로 떨어져 버리고 말았습니다(사 39장 참조).

하나님이 모든 삶을 감찰하신다는 것을 의식하며 살지 않는다면, 당신은 하나님을 믿는다고 말할 자격이 없습니다.

# 고정관념과 분노

사람이 성내는 것이 하나님의 의를 이루지 못함이라_약 1:20

당신이 참 성도라면, 하나님께서 당신의 고정관념을 계속 흔드실 것입니다. 고정관념에 붙들리면, 까다롭고 여유 없는 존재가 되기 때문입니다.

주님의 빛 가운데 걸을 때, 증오와 사나움은 설 자리가 없습니다. 혹시 당신 안에 그것들이 있다면, 그것은 당신이 빛 가운데 있지 않다는 증거입니다. 또한 어떠한 종류의 믿음의 훈련이든 그것에 대해 분노를 느낀다면, 당신 삶은 하나님의 목적에서 멀어져 있다는 증거입니다.

부패한 마음은 만물 중에 가장 비난을 받아야 하는 것입니다. 그것은 악한 말과 행동을 통해서 뿐만 아니라 악한 생각을 통해서도 나타납니다.

오스왈드 챔버스 기독교의 진리

## 좋은 사람이 되고픈 마음

모든 사람이 너희를 칭찬하면 화가 있도다_눅 6:26

좋은 성품을 기준으로 삼고 살아간다면 하나님의 은혜는 소용없게 됩니다. 인간은 하나님의 은혜와 도움 없이도 남들에게 칭찬을 듣는 좋은 성품을 개발해나갈 수 있기 때문입니다.

만약 당신이 성자나 선한 사람을 기준으로 삼고 그를 닮아가기 위해 애쓰고 있다면, 곧 헛된 허영심에 빠지게 될 것입니다. 오직 하나님만이 당신의 기준이 되게 하십시오. 그러면 헛된 허영심이 설 자리는 없습니다.

만약 당신의 '좋은 성품'을 의지하고 살아간다면, 당신은 하나님 앞에서 성자가 아닌 배도자입니다.

4장

# 성도가 경험하는
# 영적 시험과 영적 성장

●
하나님의 일을 할 때 나타나는 증거 중 하나는
초자연적인 영적 회복을 체험하게 된다는 것입니다.

# 영적 태만

게으름이 사람으로 깊이 잠들게 하나니
태만한 사람은 주릴 것이니라_잠 19:15

말씀과 기도를 멀리하는 영적 태만에 대해 성령님은 근심하십니다. 영적 태만은 신체적인 연약함으로 인한 것이라기보다 자발적인 선택에 의해 생깁니다.

신체적으로나 정신적으로 자기 자신을 훈련하는 것을 거부한다면, 당신은 영적으로 성장하지 못할 것입니다.

# 영적 고갈

주 여호와께서 가라사대
보라 날이 이를지라 내가 기근을 땅에 보내리니
양식이 없어 주림이 아니며 물이 없어 갈함이 아니요
여호와의 말씀을 듣지 못한 기갈이라_암 8:11

영적으로 강퍅해지지 않도록 주의하십시오. 만약 마음이 강퍅해지는 것이 느껴지면, 모든 것을 뒤로 미루고 먼저 회개하고 성령님을 구하십시오.

영적 훈련에 있어서 해야 할 일을 신속히 행하지 않으면, 그 일들을 멀리하게 됩니다. 그러니 결코 영적인 결단을 미루지 마십시오.

폭풍 같은 영적 불안에 빠지지 않도록 주의하십시오. 성도의 안전은 예수님과의 관계와 순종에 달려 있습니다. 하나님이 원하시는 것을 할 때, 그분은 언제나 영적으로 회복시켜 주십니다. 영적으로 고갈되지 않도록 주의하십시오.

오스왈드 챔버스 기독교의 진리

# 영적 담력

그가 이같이 큰 사망에서 우리를 건지셨고 또 건지시리라
또한 이후에라도 건지시기를 그를 의지하여 바라노라_고후 1:10

영적 담력이란, 어려움을 당할 때 피하지 않고 주를 의지하여 담대하게 직면하는 용기를 말합니다. 하나님은 이러한 용기를 귀하게 여기십니다. 맡은 일에 끝까지 책임을 다하십시오. 피하지 마십시오.

육신적 용기는 훌륭한 것이고, 도덕적 용기는 더 훌륭한 것이며, 영적 용기는 가장 위대한 것입니다. 어떤 상황에서도 예수 그리스도를 향해 진실하고 충성스럽게 서 있으십시오.

도덕적으로 바르게 서 있는 사람을 통해 많은 사람들이 선한 영향력을 받듯, 당신이 하나님의 전신갑주를 입고 주 앞에 진실 되게 서 있다면 많은 연약한 이들이 살아날 것입니다.

# 영적 성장

단단한 음식은 장성한 자의 것이니 그들은 지각을 사용함으로
연단을 받아 선악을 분별하는 자들이니라_히 5:14

영적 삶의 근본 요소는 믿음과 순종입니다. 만약 당신이 영적 진리를 원한다면 당신이 아는 것과 믿는 것에 순종하십시오. 그러나 영적 진리는 결코 지식만으로 얻을 수 있는 것이 아닙니다. 온전한 지식과 영적 순종이 함께 할 때, 비로소 그리스도의 진리가 있는 곳으로 한 걸음씩 나아갈 수 있습니다.

영적 성장과 영적 열매는 인간의 눈을 통해 보는 것이 아니라 하나님의 눈으로 보아야 아는 것입니다. 따라서 우리의 영적 성장과 영적 열매를 완전히 아시는 분은 오직 하나님뿐입니다.

예수 그리스도와 친밀한 관계를 유지하십시오. 그러면 영적으로 모든 것을 분별할 수 있습니다.

오스왈드 챔버스 기독교의 진리

# 영적 성장의 측정

그리 한 후에 사울의 옷자락 벰으로 말미암아 다윗의 마음이 찔려
_삼상 24:5

당신이 은혜 가운데 영적으로 얼마나 성장했는지를 알고 싶다면, 죄에 대해 얼마나 민감해졌는지를 보면 됩니다.

영적으로 깨어 있는지를 확인할 수 있는 방법 중 하나는, 하나님 편에서 죄악을 느낄 수 있는가 하는 것입니다. 대체로 우리는 사람들 사이에서 일어나는 죄에 대해서는 민감합니다. 그런데 하나님께 반역하는 교만한 인간의 죄에 대해서는 얼마나 아파하고 있습니까?

영적 성장과 죄에 대한 민감성은 서로 비례한다는 것을 꼭 기억하십시오.

오스왈드 챔버스 기독교의 진리

PART 05

# 우리는 어떻게 어둠을 헤쳐 나갈 것인가

어둠은 우리의 관점이며
빛은 하나님의 관점입니다.

1장

# 인간관계 안에 드리워진 어둠

●

우리는 이 땅에 살고 있지만
그리스도를 믿는 믿음으로
하나님의 나라에서 살아야 합니다.
이것이 성도가 이 땅에서 치러야 할
영광스러운 훈련입니다.

### 사람에게 만족을 구하는가

사람들을 열망과 감정으로 섬기지 마십시오. 그러면 아무 열매도 맺혀지지 않습니다. 오직 성령님을 의지함으로 하나님의 말씀을 그들 안에 심으십시오.

사람들과 어떻게 지내는가
미워하고 있는가, 용서하고 있는가
죄인을 어떻게 대하는가
내 이웃을 내 몸 같이 사랑하는가

## 유익을 구하는 사랑

믿음으로 말미암아 그리스도께서 너희 마음에 계시게 하시옵고
너희가 사랑 가운데서 뿌리가 박히고 터가 굳어져서_엡 3:17–18

자신의 유익을 구하는 사랑은 결국 잔인하게 끝나고 맙니다. 그 이유는 결코 얻을 수 없는 무한한 만족을 인간에게 요구하기 때문입니다.

무한한 사랑의 샘은 우리 안에 있지 않고 하나님 안에 있습니다. 그러니 사람으로부터 하나님의 사랑을 갈구하거나 기대하지 마십시오.

그리스도의 십자가를 통해 나타난 하나님의 사랑을 깊이 들여마시십시오. 그러면 세상이 줄 수 없는 사랑을 세상으로부터 억척스럽게 요구하지 않게 될 것입니다.

# 만족을 원하는 사랑

예수께서 이르시되 네가 남편이 없다 하는 말이 옳도다
너에게 남편 다섯이 있었고 지금 있는 자도 네 남편이 아니니
네 말이 참되도다_요 4:17-18

예수님은 사람이 줄 수 없는 것을 사람에게 받으려고 기대하지 않으셨습니다. 그래서 사람에게 실망하지도, 앙심을 품지도, 냉소적인 자세를 보이지도 않으셨습니다.

당신의 인간관계가 하나님께 뿌리를 두고 있지 않다면, 그 관계는 고통을 당할 것입니다. 그 이유는 당신이 사람에게서 참된 만족을 구했기 때문입니다. 예수 그리스도와 바른 관계를 맺으십시오. 그러면 깊은 만족감 가운데 사람 사이의 사랑도 승화될 것입니다.

만약 그렇지 않다면, 당신의 모든 인간관계는 비참하게 끝날 것입니다. 하나님과의 관계가 온전해야만 사람 사이의 사랑도 깊어질 수 있다는 것을 기억하십시오.

오스왈드 챔버스 기독교의 진리

# 참 사랑

> 성령과 신부가 말씀하시기를 오라 하시는도다
> 듣는 자도 오라 할 것이요 목마른 자도 올 것이요
> 또 원하는 자는 값없이 생명수를 받으라 하시더라_계 22:17

참 사랑과 참 생명은 하나님과 예수 그리스도, 성령님 안에 있습니다. 그것은 우리가 자격이 있어서 받는 것이 아니라 하나님의 긍휼하심으로 인해 받는 것입니다.

사람을 의지하지 마십시오. 그러면 얼마 지나지 않아 당신은 비참해지고, 사람들에 대한 비뚤어진 관점을 갖게 될 것입니다. 그러니 오직 하나님만 의지하십시오.

우리는 최상의 것을 가장 사랑해야 합니다. 우리 안에 계신 하나님의 영은 우리가 어떻게 최상의 것을 사랑할 수 있는지에 대해 가르쳐 주십니다.

사람에게 만족을 구하는가

**사람들과 어떻게 지내는가**
충동적인 행동은 불안정하고 신뢰할 수 없는 사람에게 나타나는 특징 중 하나입니다. 이런 사람을 신뢰하는 것은 대단히 어리석은 일입니다.

미워하고 있는가, 용서하고 있는가
죄인을 어떻게 대하는가
내 이웃을 내 몸 같이 사랑하는가

# 싫어하는 사람

너희가 사람의 잘못을 용서하지 아니하면
너희 아버지께서도 너희 잘못을 용서하지 아니하시리라_마 6:15

하나님은 당신이 싫어하는 타입의 사람들을 자꾸 만나게 하십니다. 만약 이때 하나님을 예배하지 않는다면, 당신은 그들을 아주 차갑게 대할 것입니다. 성경 말씀도 그들을 꾸짖는 것으로 골라 퍼붓고, 하나님께서 그들을 나무란다는 식으로 조언할 것입니다. 이처럼 마음이 차가운 성도는 하나님께 슬픔이자 골칫거리입니다.

당신이 죄인 되었을 때에 받았던 하나님의 사랑을 다른 이들에게도 똑같이 전해주십시오. 하나님이 당신 주변에 갈등을 빚는 여러 사람을 두신 이유는 그 사랑을 전하라는 의미입니다.

하나님은 끊임없이 당신의 상황을 조성하셔서 상상하지도 못한 사람을 만나게 하실 것입니다. 여기에는 당신을 빚으시려는 주님의 깊은 뜻이 담겨 있으니, 그 만남을 통해 당신 자신이 어떠한 자인지를 깨달으십시오.

# 나만 옳은 사람

누가 누구에게 불만이 있거든 서로 용납하여 피차 용서하되
주께서 너희를 용서하신 것 같이 너희도 그리하라_골 3:13

사실대로 말하면서 그 안에 미움과 거짓을 담을 수 있을까요? 물론 가능합니다. 거짓이란, 사실대로 말하는 데 있지 않고 그 말하는 악한 동기에 달려 있습니다. 따라서 중요한 것은 문자들이 아니라 그 말을 듣는 사람에게 미치는 영향력입니다.

자기만 옳다고 주장하면서 주위 사람들과 다투고 있다면, 그것은 하나님과 동행하는 삶이 아닙니다. 겸손과 거룩은 언제나 함께합니다.

완고함과 거친 태도가 드러날 때마다 당신이 빛으로부터 멀어지고 있음을 깨달으십시오.

# 대우받고 싶은 사람

이를 위하여 너희가 부르심을 받았으니
그리스도도 너희를 위하여 고난을 받으사 너희에게 본을 끼쳐
그 자취를 따라오게 하려 하셨느니라_벧전 2:21

베드로는 '하나님의 뜻대로' 고난 받는 것을 '적극적인 선행'이라고 보았습니다. 주위를 둘러보십시오. 당신에게 영적으로 가장 큰 유익을 주는 사람은 아이러니하게도 당신을 괴롭히는 사람일 것입니다.

하나님의 관점에서 모든 만남과 사건을 볼 수 있도록 하십시오. 그러면 당신을 둘러싸고 있는 사소하고 너저분한 일들 가운데서도 하나님의 복을 누리는 비결을 배우게 될 것입니다.

성도에게는 '내가 어떤 대우를 받고 있느냐'가 중요한 것이 아니라 '내가 주위 사람들을 공평하게 대하고 있는가'가 중요합니다. 성도의 표징은 겸손입니다. 하나님의 은혜로 누리는 축복으로 인해 우월감을 느끼거나 자랑하지 마십시오.

사람에게 만족을 구하는가
사람들과 어떻게 지내는가

**미워하고 있는가, 용서하고 있는가**
당신 스스로 자기 연민이라는 감옥에 갇히지 마십시오. 성도가 할 일은 나로 인해 누군가가 고통당하는 일이 없도록 힘쓰는 것입니다.

죄인을 어떻게 대하는가
내 이웃을 내 몸 같이 사랑하는가

## 억울함을 견디지 못하는가

> 여호와께서 나의 원통함을 감찰하시리니 오늘 그 저주 때문에
> 여호와께서 선으로 내게 갚아 주시리라_삼하 16:12

예수 그리스도는 이 땅에서 모든 억울함과 오해를 견뎌 내셨습니다. 그런데 우리는 억울함과 오해를 견디지 못하고, 미움과 앙갚음으로 반응해버립니다.

사람들의 비판과 수군거림을 무시하십시오. 단, 예수 그리스도의 생명을 가로막는 것이 있다면 그것은 절대 허용하지 마십시오. 그것은 결국 죄악과 교만으로 이끌기 때문입니다.

사람들로부터 비방을 받을 때, 그것을 옷에 묻은 진흙처럼 다루십시오. 마를 때까지 가만히 두었다가 가볍게 털어내면 됩니다.

## 앙심을 품었는가

원수를 갚지 말며 동포를 원망하지 말며 네 이웃 사랑하기를
네 자신과 같이 사랑하라 나는 여호와이니라 _레 19:18

누군가에게 피해를 입지 않을 때는 용서에 대해 아주 멋지게 말할 수 있습니다. 그러나 한번 피해를 입으면, 하나님의 은혜가 아니고서는 누군가를 용서할 수 없음을 깨닫게 됩니다.

누군가에게 앙심이 생길 때마다 과거에 당신이 하나님을 어떻게 대했는지 한번 떠올려 보십시오. 그때 하나님은 당신에게 앙심을 품으셨습니까?

아직 누군가를 용서하지 않았다면, 당신은 하나님의 용서를 말할 자격이 없습니다. 하나님께 당신의 죄를 용서받았다면, 반드시 그 사람도 용서하십시오.

# 차라리 더 당하십시오

새 계명을 너희에게 주노니 서로 사랑하라
내가 너희를 사랑한 것 같이 너희도 서로 사랑하라_요 13:34

바울은 "차라리 불의를 당하는 것이 낫지 아니하며 차라리 속는 것이 낫지 아니하냐"(고전 6:7)라고 말합니다. 세상에 어느 누가 성도들보다 더 당하고 속을 수 있겠습니까? 그러니 억울해 하지 마십시오. 당신의 권리를 주장하지도 마십시오. 단, 다른 사람에게는 늘 공의를 베풀고 그의 권리를 인정해주어야 합니다. 당신은 성도이기 때문입니다.

존경할 수 없는 사람, 심지어 존경해서는 안 될 사람까지 모두 사랑하십시오. 이러한 사랑은 십자가에서 나타난 하나님의 사랑을 알고 그 사랑을 기반으로 할 때에 비로소 이루어집니다.

사람에게 만족을 구하는가
사람들과 어떻게 지내는가
미워하고 있는가, 용서하고 있는가

**죄인을 어떻게 대하는가**
누군가의 죄를 짚어 주고 싶습니까? 죄에 대해 말할 때는 먼저 '내 죄'에 대해 말하십시오.

내 이웃을 내 몸 같이 사랑하는가

# 죄인에 대한 판단

입법자와 재판관은 오직 한 분이시니 능히 구원하기도 하시며
멸하기도 하시느니라 너는 누구이기에 이웃을 판단하느냐_약 4:12

언제나 편견은 누군가에 대한 내 생각에 나 자신을 가둡니다. 그래서 그가 실제로 어떤 사람인가는 중요하지 않습니다. 그저 내 생각대로 끼워 맞춰 해석할 뿐입니다.

우리는 하나님이 보시는 대로 누군가를 바라볼 수 있을 때까지 결코 어느 누구도 진실하게 알 수 없습니다.

당신은 주변 사람들을 죄인으로 여기고 판단합니까? 만약 하나님께서 당신이 누군가를 판단하는 것처럼 당신을 판단하신다면 어떻겠습니까? 아마도 당신은 지옥에 갈 것입니다. 그러나 하나님의 판단은 결코 이런 식으로 이뤄지지 않습니다.

# 사람에 대한 이해

남을 판단하는 사람아, 누구를 막론하고 네가 핑계하지 못할 것은
남을 판단하는 것으로 네가 너를 정죄함이니
판단하는 네가 같은 일을 행함이니라_롬 2:1

인간의 간교함은 타인의 허물을 발견해 내면서 자신의 우월감을 느끼는 데 있습니다. 심지어 영적으로도 그렇게 생각하는 사람들이 더러 있습니다.

끊임없이 남을 비판하는 사람은 결국 아무 이유 없이 항상 비판하는 사람이 되어버립니다. 이러한 사람들은 가정, 교회, 사회 공동체의 '쓴 뿌리'입니다.

누군가를 판단하기 전에 당신 자신을 그 상황 속에 넣어 본 후 그를 이해하십시오. 이러한 훈련은 성급한 판단과 결정을 막아 줄 것입니다.

오스왈드 챔버스 기독교의 진리

# 비난하고 싶을 때

> 형제들아 사람이 만일 무슨 범죄한 일이 드러나거든
> 신령한 너희는 온유한 심령으로 그러한 자를 바로잡고
> 너 자신을 살펴보아 너도 시험을 받을까 두려워하라
> 너희가 짐을 서로 지라 그리하여 그리스도의 법을 성취하라_갈 6:1-2

누군가의 죄를 보이는 대로만 판단하지 마십시오. 각각의 삶에는 당신이 알지 못하는 숨겨진 사실들이 있기 때문입니다. 하나님께서 그를 다루시도록 두십시오.

죄에 대해 말할 때는 '내 죄'에 대해서만 말해야 합니다. 그렇지 않고 단지 사람들의 '죄들'을 말하면, 당신은 예수 그리스도로부터 멀어지게 될 것입니다.

누군가의 연약함과 어리석음이 보일 때, 하나님께서 그를 비난하라고 당신에게 분별력을 주신 것이 아님을 기억하십시오. 오직 그를 위해 기도하십시오.

# 하나님의 은혜를 안다면

너희가 전에는 어둠이더니 이제는 주 안에서 빛이라
빛의 자녀들처럼 행하라_엡 5:8

바울은 "내가 나 된 것은 하나님의 은혜로 된 것"(고전 15:10)이라고 고백합니다. 긍휼과 불쌍히 여기는 마음으로 영혼들을 대하십시오. 그리고 당신이 과거에 어떤 인간이었는지, 그리고 하나님의 은혜로 지금 어떤 인간이 되었는지를 늘 기억하십시오.

은혜를 알기 전에 당신은 누군가의 죄에 대해 독하게 판단하며 정죄했을 것입니다. 그러나 이후에는 다음과 같이 바뀌었을 것입니다.

"나도 언제든지 저 죄를 지을 수 있다는 걸 기억하자!"
"저들이 죄의 수렁에서 빠져나올 수 있도록 기도하자!"

오스왈드 챔버스 기독교의 진리

사람에게 만족을 구하는가
사람들과 어떻게 지내는가
미워하고 있는가, 용서하고 있는가
죄인을 어떻게 대하는가

**내 이웃을 내 몸 같이 사랑하는가**

하나님의 은혜가 당신의 마음을 사로잡아 주님께 온전히 빠지게 되면, 다른 사람을 향한 당신의 사랑은 늘 안전합니다.

# 사랑하고 있는가

네 이웃을 네 자신 같이 사랑하라 하셨으니_마 22:39

복음을 통해 하나님의 사랑을 맛보면, 서로를 향한 최고의 가능성을 보게 됩니다. 그리고 하나님께서 각자에게 이루실 선한 일을 바라보며 서로 사랑하게 됩니다.

당신의 교만은 누군가와 대화를 나눌 때 쉽게 드러납니다. 누군가를 멸시하는 마음이 있다면 진실한 대화는 불가능해지고, 대화도 금방 끝날 것입니다. 언제나 그리스도의 마음으로 말하는 것을 훈련하십시오.

사랑은 세심한 관리와 노력이 필요합니다. 마음과 뜻과 정성을 다해 부지런히 경작하지 않으면 사랑은 사라지기 때문입니다.

오스왈드 챔버스 기독교의 진리

# 사랑의 동기

너희가 진리를 순종함으로 너희 영혼을 깨끗하게 하여
거짓이 없이 형제를 사랑하기에 이르렀으니
마음으로 뜨겁게 서로 사랑하라_벧전 1:22

하나님께 복을 받았습니까? 그러면 그 복이 고여 있지 않도록 하십시오. 주께 받은 복은 다시 그분께 드려져 다른 사람들에게 복이 되어야 합니다. 만약 그 복을 깔고 앉아 있으면, 당신은 썩은 마른 뼈가 되고 말 것입니다.

성령님이 임하시면 우리 마음에 하나님의 사랑을 부어 주십니다. 그러기에 우리는 그 사랑을 이웃에게 나타낼 수 있습니다. 주님을 향한 사랑은 이웃을 섬기게 하는 동기를 줍니다.

들의 백합처럼 은은한 향기로 생명의 근원인 그리스도에게로 이웃을 인도하십시오.

2장

# 연단의 기회로 찾아오는 어둠

●
어둠의 시간에 갇혀 있는가?
"하나님은 사랑이시다"라고
자신에게 속삭여라.

**염려에서 평안으로**

주님을 바라보지 않으면 염려가 생기거나 우상을 통해 거짓 평안을 누리게 됩니다. 주님을 바라볼 때 오는 평안은 이 세상 그 무엇도 빼앗을 수 없습니다.

삶의 문제에서 하나님의 뜻으로
두려움에서 믿음으로
사망에서 생명으로

# 염려하는 이유

> 아무것도 염려하지 말고 다만 모든 일에 기도와 간구로
> 너희 구할 것을 감사함으로 하나님께 아뢰라_ 빌 4:6

'이 세상의 염려'는 우리를 속여 전혀 중요치 않은 문제를 가장 중요한 문제로 둔갑시킵니다.

그런데 중요하지도 않은 문제에 우리가 그토록 예민하게 반응하는 이유는 무엇일까요? 그것은 믿음 안에서 예수 그리스도와 연결되어 있지 않기 때문입니다. 그렇게 되면 영적 반란이 일어나는데, 그것은 바로 짜증과 초조함, 그리고 염려로 나타납니다.

'만약'이라는 염려를 밀쳐 내고 전능자의 그늘 아래 머무십시오. 그 문제에 대해 다시는 염려하지 않겠노라고 하나님 앞에서 결단하십시오. 당신의 모든 초조함과 염려는 하나님을 믿지 않기 때문에 생긴 것 아닙니까?

# 가장 염려해야 할 일

가시떨기에 떨어졌다는 것은 말씀을 들은 자이나
지내는 중 이생의 염려와 재물과 향락에 기운이 막혀
온전히 결실하지 못하는 자요_ 눅 8:14

하나님은 우리가 문제에 봉착할 때마다 늘 그 답을 주십니다. 하지만 미련한 우리는 문제에 집착한 나머지 하나님의 음성을 전혀 듣지 못합니다. 염려와 고민에 빠져 주님을 찾지 않는 것입니다.

당신 안에 심겨진 하나님의 말씀을 질식시키는 것은 바로 세상의 염려입니다. 당신의 의식 속에 깊이 파고드는 염려가 하나님을 내쫓습니다.

하나님과의 동행을 방해하는 것은 큰 사건이 아니라 아주 작은 염려일 때가 많습니다. 하나님과의 관계 외에 다른 그 어떤 것도 염려하지 마십시오.

오스왈드 챔버스 기독교의 진리

# 염려, 불신의 증거

너희 중에 누가 염려함으로 그 키를 한 자라도 더할 수 있겠느냐
_마 6:27

어려움이 닥치면 맡은 의무를 등한시할 때가 많습니다. 그러나 염려는 성도의 몫이 아닙니다. 성도의 의무는 아무리 어려워도 평소처럼 살아가는 것입니다.

하나님은 당신의 아버지이시며 당신을 사랑하십니다. 단 한 순간도 당신을 잊지 않으십니다. 당신이 하나님의 자녀임을 확신한다면, 사실 염려란 불가능한 일입니다.

성도가 염려하는 것은 하나님께 짜증을 내는 것밖에 되지 않습니다. 염려는 하나님의 돌보심을 믿지 않을 뿐 아니라 내가 모든 것을 돌보겠다고 하나님께 대드는 것과 같습니다.

# 내일의 염려는 내일에게

그러므로 내일 일을 위하여 염려하지 말라
내일 일은 내일이 염려할 것이요 한 날의 괴로움은 그 날로 족하니라
_마 6:34

오늘 당신의 마음을 힘들 게 하는 것이 무엇입니까? 예수님은 변함없이 오늘도 "아무것도 염려하지 말라"고 말씀하십니다. 그러니 하나님의 공급하심에 대해 의심하지 마십시오.

내일에 대한 염려 때문에 오늘을 방해받지 마십시오. 내일은 내일에게 맡기십시오. 당신의 미래를 하나님께 온전히 맡기십시오.

하나님은 내일을 위해 혹은 다음 시간을 위해 힘을 주시지 않습니다. 지금 이 순간을 위해서 힘을 주십니다.

염려에서 평안으로

**삶의 문제에서 하나님의 뜻으로**
삶에 어둠이 닥칠 때 "이것은 사탄의 짓이야. 하나님은 나를 어둠 가운데 두실 리 없어"라고 말하지 마십시오. 하나님은 당신을 향한 헤아릴 수 없는 많은 생각을 가지고 계십니다.

두려움에서 믿음으로
사망에서 생명으로

# 문제 너머에 계신 주님

여호와여 주께서 나를 살펴보셨으므로 나를 아시나이다_시 139:1

지금 당신의 꿈이 하나둘 좌절되고 있다면, 이는 그 꿈이 정결케 되고 있다는 증거입니다. 그러니 너무 낙심하지 말고 주를 바라보십시오. 당신의 눈을 문제에 고정시키지 마십시오.

성도는 모든 사건과 상황을 바라볼 때에 예수님과의 관계 안에서 바라봐야 합니다. 주님은 우리를 나중이 아니라 '지금' 인도하십니다. 주님이 지금 당신과 함께 하심을 깨달으십시오. 그러면 평강과 자유를 누리게 될 것입니다.

당신의 문제를 주님께 가져가십시오. 단, 주님이 해결해주시는 동안 멋대로 행동하지 말고 그분 곁에 거하십시오.

오스왈드 챔버스 기독교의 진리

# 두려움을 내쫓는 사랑

너희는 그들을 두려워하지 말라 너희의 하나님 여호와께서
친히 너희를 위하여 싸우시리라_신 3:22

"그리스도와 함께 하나님 안에 감추인 생명"(골 3:3)은 아무것도 두려워하지 않습니다. 그러나 하나님께 보호받지 못하는 생명은 언제나 두려워할 뿐만 아니라 실제로 그 앞에는 위험이 도사리고 있습니다.

"지존자의 은밀한 곳에 거주하며 전능자의 그늘 아래에 사는 자여"(시 91:1).

전능자의 그늘 아래 거하십시오. 그러면 당신은 늘 안전합니다. 하나님의 사랑이 당신을 사로잡게 하십시오. 그러면 "산이 흔들릴지라도 우리는 두려워하지 아니하리로다"(시 46:3)라고 담대히 고백하게 될 것입니다.

두려움을 제거하는 가장 빠른 길은 측량할 수 없는 하나님의 사랑에 푹 빠지는 것입니다.

# 고난을 돌파하십시오

보라 내가 너를 연단하였으나 은처럼 하지 아니하고
너를 고난의 풀무 불에서 택하였노라_사 48:10

성경이 고난에 대해 어떻게 말하고 있는지 살펴보십시오. 그러면 하나님의 자녀들의 가장 큰 특징이 '고난을 이기는 능력'임을 발견할 수 있을 것입니다. 고난과 고통의 문제는 우리를 시험에 들게 합니다. 흔히들 행복하고 평화로우면 모든 것이 잘되어 가고 있다고 생각합니다. 하지만 그 행복이 하나님과 올바른 관계를 누리고 있다는 증거는 아님을 명심하십시오.

인생의 용광로는 하나님의 허락하심으로 인해 우리 앞에 놓이는 것입니다. 우리는 고통 없이도 영적으로 충분히 성장할 수 있다고 여기지만 그것은 착각입니다. 오히려 고통으로 인해 성장하게 됩니다. 당신에게 필요한 것은 힘든 상황을 피하기 위한 지혜와 능력이 아니라, 그 상황을 선용할 줄 아는 지혜와 능력입니다.

지금 당신은 천년왕국을 기다려야 하는 것이 아니라, 지금 서 있는 그곳에서 고난을 돌파해나가야 합니다.

오스왈드 챔버스 기독교의 진리

염려에서 평안으로
삶의 문제에서 하나님의 뜻으로
두려움에서 믿음으로

**사망에서 생명으로**

믿음이란, 어둠 속에서 대단한 모험을 하는 것과 같습니다. 그때 하나님의 선하심이 느껴지지 않을지라도 끝까지 그분만을 신뢰하십시오.

# 왜 죽음 같은 고난을 허락하시는가

그가 너희 앞에서 그들을 쫓아내사 너희 목전에서 그들을 떠나게
하시리니 너희의 하나님 여호와께서 너희에게 말씀하신 대로
너희가 그 땅을 차지할 것이라_수 23:5

극심한 고난 가운데, 하나님을 오해하거나 놀라지 마십시오. 주님이 당신을 홀로 두고 떠나신 것처럼 느껴진다면, 그때 이 말씀의 깊은 뜻을 발견하게 되기를 바랍니다.

"그의 죽으심을 본받아 … 부활에 이르려 하노니"(빌 3:10).

우리는 푸른 초장과 잔잔한 물가를 원하는데 왜 주님은 천둥과 재난을 허락하실까요? 지금 당장은 어려울지라도 당신은 그 안에 새겨진 하나님의 발자취를 조금씩 발견하게 될 것입니다. 번개 뒤에는 밤이 없는 영원한 낮이 있을 것입니다. 천둥 뒤에는 말로 표현할 수 없는 위로와 평강이 있을 것입니다.

어둠 가운데 낙심하며 좌절하지 말고, 이제 하나님의 사랑과 그분의 흔적을 찾으십시오. 놀라운 하나님의 사랑을 발견하게 될 것입니다.

오스왈드 챔버스 기독교의 진리

# 사랑으로 살아나라

> 내 영혼아 네가 어찌하여 낙심하며
> 어찌하여 내 속에서 불안해 하는가 너는 하나님께 소망을 두라
> 그가 나타나 도우심으로 말미암아 내가 여전히 찬송하리로다_시 42:5

죽음에 직면했을 때, 불의한 일을 당했을 때, 파산을 당했을 때, 병이 들었을 때… 대부분의 사람들은 공황 상태에 빠집니다. 그러나 주님의 절대적 주권을 믿는 성도는 결코 좌절하지 않습니다.

만약 어려운 현실 가운데서도 "하나님은 사랑이시다"라고 고백할 수 있는 성도가 있다면, 그는 진정으로 하나님을 사랑하는 자입니다.

당신은 그럼에도 불구하고 "하나님은 사랑이시다"라고 고백할 수 있습니까?

# 오스왈드 챔버스
(Oswald Chambers, 1874-1917)

20세기의 뛰어난 목사이며 교사였던 오스왈드 챔버스는 1874년 7월 24일 스코틀랜드 애버딘에서 태어나 1917년 11월 15일 이집트에서 43세의 나이로 하나님의 부르심을 받았다.

그의 부모는 독실한 침례교 신자로서 그에게 많은 영향을 주었으며, 찰스 스펄전의 설교는 그가 참 그리스도인이 되는 계기를 마련해 주었다. 그는 자신의 아버지에게 "찰스 스펄전을 좀 더 빨리 만났더라면 더 일찍 그리스도인이 되었을 것"이라고 말하며 안타까움을 표현했다고 한다. 그의 믿음은 아주 빠르게 자라났지만, 그는 자신이 사역자가 되리라고는 상상조차 하지 못했다.

그는 캔싱톤예술학교와 에딘버러(Edinburgh)대학에서 예술과 고고학을 공부하였다. 그러나 에딘버러에서 공부하던 중 그는 사역을 향한 강한 부르심을 느끼며 더눈(Dunoon)대학으로 편입하였다. 그는 비상한 재능으로 배우는 동시에 그곳에서 강의하기 시작했고, 자신이 가장 좋아하는 시인 로버트 브라우닝을 위한 작은 지역동호회를 만들기도 했다. 하지만 당시에 그는 신앙에서 참된 만족을 얻지 못하였으며 성경은 아주 따분하고 고리타분하다고 생각했다.

이런 4년간의 신앙 휴면상태를 지난 후에 오스왈드 챔버스는 자기 스스로는 절대로 거룩해질 수 없다는 결론을 내리게 되었다. 어느 날 갑자기 그가 그토록 찾던 힘과 평안이 바로 예수 그리스도께 있음을 깨달았을 때, 그리고 자신의 죄를 위하여 그리스도께서 보혈을 흘리셨음을 깨달았을 때, 그는 엄청난 변화를 체험하게 되었다. 후에 그는 그때를 회상하며 "말로 형언할 수 없는 빛나는 자유함을 얻는 순간"이었다고 전했다.

새롭게 발견된 힘을 가지고 오스왈드 챔버스는 전 세계를 다니며 복음을 선포했다. 특히 이집트, 일본, 미국 등지를 다녔는데, 미국 방문 중에 거트루드 홉스(Gertrude Hobbs)를 만나 1910년 결혼했다. 그는 늘 그녀를 '비디'(B.D. Beloved Disciple)의 약자라고 사랑스럽게 불렀다. 그리고 1913년 5월 24일 그들의 유일한 자녀인 딸 캐스린을 낳았다.

1911년 오스왈드 챔버스는 런던 클래펌에 성경훈련대학(the Bible College)을 설립하고 총장이 되었다. 후에 1차 세계대전 중인 1915년 강한 부르심에 이끌려 YMCA 소속 목사가 되었다. 그러나 1차 세계대전으로 인해 어쩔 수 없이 성경대학을 휴교시키고 이집트 자이툰에 군목으로 지원했다. 그곳에서 그는 호주와 뉴질랜드 군사들을 섬겼다.

오스왈드 챔버스는 지금 구 카이로의 대영연방묘지에 묻혀 있는데 오늘날까지도 그의 묘지는 그곳에서 가장 많은 방문을 받고 있다. 그의 이름으로 된 책은 현재 40권 정도가 있는데, 사실 그가 실제로 쓴 책은 「오스왈드 챔버스의 욥기」(Baffled to Fight Better)라는 단 한 권뿐이다. 나머지 책들은 속기사였던 그의 아내 비디가 남편이 성경대학과 이집트에서 가르치고 설교했던 녹음테이프와 속기록을 풀어서 30년 동안 재편집하여 출간한 것이다.

오스왈드 챔버스 시리즈 31
# 오스왈드 챔버스 기독교의 진리

초판인쇄 • 2017년 3월 10일
초판발행 • 2017년 3월 15일

지음 • 오스왈드 챔버스
옮김 • 스데반 황
엮음 • 가은숙
발행인 • 임용수
대표 • 조애신
책임편집 • 설지원
편집 • 이소정
디자인 • 임은미
마케팅 • 전필영
온라인마케팅 • 고태석
경영지원 • 김정희, 조창성

발행처 • 도서출판 토기장이
주소 • 서울시 마포구 망원로 26 토기장이 B/D 3F
출판등록 • 1990년 10월 11일 제2-18호
대표전화 • (02) 3143-0400
팩스 • (02) 3143-0646
E-mail • tletter@hanmail.net
www.facebook.com/togijangibook

ISBN 978-89-7782-375-4

값 7,000원

"우리는 진흙이요 주는 토기장이시니
 우리는 다 주의 손으로 지으신 것이라"
                    (이사야 64:8)

「이 도서의 국립중앙도서관 출판예정도서목록(CIP)은 서지정보유통지원시스템 홈페이지(http://seoji.nl.go.kr)와 국가자료공동목록시스템(http://www.nl.go.kr/kolisnet)에서 이용하실 수 있습니다.(CIP제어번호: CIP2017005409)」